请到草原来 QINGDAO CAOYUANLAI

青城 "驴"道儿

QINGCHENG LVDAOER

田宏利 著

内蒙古人民出版社

图书在版编目（CIP）数据

请到草原来·青城"驴"道儿 / 田宏利著 . -- 呼和
浩特：内蒙古人民出版社，2016.6
ISBN 978-7-204-14160-9

Ⅰ . ①请… Ⅱ . ①田… Ⅲ . ①旅游指南—呼和浩特市
Ⅳ . ① K928.926.1

中国版本图书馆 CIP 数据核字（2016）第 159144 号

请到草原来·青城"驴"道儿

作　　者	田宏利	
策划编辑	王　静	
责任编辑	王　静	
封面设计	李　琳	
出版发行	内蒙古人民出版社	
地　　址	呼和浩特市新城区中山东路 8 号波士名人国际 B 座	
网　　址	http://www.nmgrmcbs.com	
印　　刷	鄂尔多斯市桥头堡印刷有限责任公司	
开　　本	710mm×1000mm　1/16	
印　　张	18.25	
字　　数	180 千	
版　　次	2016 年 8 月第 1 版	
印　　次	2016 年 8 月第 1 次印刷	
印　　数	1—4000 册	
书　　号	ISBN 978-7-204-14160-9/Ⅰ·2738	
定　　价	55.00 元	

目录 contents

思路 / 1

1. 青城户外运动的"小学毕业典礼"——料木山（706）/ 11

2. 二龙什台的哲思 / 19

3. 圣水梁邂逅——"驴行"中的"驴子" / 31

4. 冰雪哈拉乌素 / 43

5. 风车下的辉腾锡勒 / 59

6. "走西口"之杀虎口 / 69

7. 喇嘛洞召的"大师点化" / 85

8. 红石崖的高山牧场 / 95

9. 石门沟的遐想 / 103

目录 contents

10. 浪漫赤洛泰 / 111

11. 登高望远的猴山 / 121

12. 红道巷的序言 / 129

13. 库布其沙漠的跨时空链接 / 137

14. 梅力更召的辽远梵音 / 149

15. 寂静苏木山 / 161

16. 不再抑郁的桦林沟 / 173

17. 期待环保的九龙湾 / 181

18. 渐行渐远的希拉穆仁草原 / 189

19. 奎素沟的草木修行 / 201

20. 万家沟懂得 / 209

21. 燃情岁月之蜈蚣坝 / 215

22. 九峰山的梦想与生活 / 221

23. 韵律金銮殿山 / 227

24. 冰河沙图沟 / 235

25. 楼房沟冰瀑 / 241

目录 contents

26. 有空常来的小井沟 / 247

27. 红色经典之得胜沟 / 257

28. 乐活自我的摇铃沟 / 265

29. 抛却成见的南天门 / 271

"驴道儿"上的"驴友"们 / 277

户外心声——对于户外运动的体会 / 285

后记 / 286

思路

　　人，只有在行走时，才有了进化的思维，才能感觉到真实中存在的真实。活在浮华和挣扎的中间，梦想逐渐被压缩、掩埋，一切信仰的物质，渐渐的都不值得一提，因为失去梦想的人太多。

思路

人，只有在行走时，才有了进化的思维，才能感觉到存在的真实。活在浮华和挣扎的中间，梦想逐渐被压缩、淹没，一切信仰的物质，渐渐的都不值得一提，因为失去梦想的人太多。

理想的存在，被更多看不见的社会和人为的同化而压抑、消除。太多的人因为愤世嫉俗而最终世俗，于是一些人或以神佛经卷填补思维断层，或以禅茶空灵隐入高深莫测，但还有这样一群人，一贯执着于崇尚返璞归真，随时会放下手中正在做的或即将要做的事情，背起行囊，呼朋引伴，沐浴着清晨的第一缕阳光，走出家门，在大自然的环抱中；在广阔的天地间；在梦想与现实相互交错的世界里疲惫反抗。

钢筋水泥的森林、喧嚣繁杂的城市环境、都市生活的紧张节奏，让每天在各种职场上打拼的你我倍感身心疲惫，到绿色的大自然中去"撒点野儿"，无疑是种非常好的放松和调理的方式。我们的不断远行，是对城市生活的不断颠覆，就像王小波从来都有属于他自己的精神家

3

園，而"在路上行走"，则是属于我们自己的精神家园。

这在哲学家看来，是一种主观的臆断或挣脱，就连俞敏洪也说"要挣脱生命的束缚与之斗争到底"，当梦想和现实之间发生正面的冲突时，我们更学会了有预谋的行走，学会了以想象与侧面坚持。自从米兰·昆德拉引领我们结识了生命中的关于轻的重量，我们就有了越发沉淀的力量来承载生命之中更为飘忽的梦想。

"旅"的"驴"的字音很相近，"驴友"（或旅友），是对户外

运动爱好者的称呼。特指参加自助旅行、一般性探险、爬山、穿越等爱好者，据说最初是由新浪旅游论坛传出，继而扩散。

"旅"，顾名思义，是指旅游或是旅行；"绿"是指环保，不污染环境。因此，"驴友"特指"爱好者"，是指人，而非旅游本身。"驴友"，也是户外爱好者们自称或尊称彼此的一个专用名词。因为驴子能驮能背，吃苦耐劳，所以，也常被户外爱好者们作为自豪的资本之一。

"驴友"一般指的是徒步或骑自行车出行的旅游者。但现在更多地是指"背包客"，就是那种背着装满各种户外装备的多功能背包，带着帐篷、睡袋，在高山、林地间穿越，在远离城市的荒寂野外风餐露宿的户外爱好者们。

目前，在我国各省市之间开展的主要户外运动中，大致包括远足、穿越、登山、攀岩、漂流、越野山地车等。这种属于"驴友"的运动中大多都带有探险性，属于"极限"和"亚极限"运动，具有很强的挑战性和刺激性。

因为可以拥抱自然，挑战自我，锻炼意志以及倡导团队合作精神，提高野外生存能力，所以深受青年人的喜爱。随着人们生活水平的提高，户外运动越来越受欢迎，"驴友"也日益成为网络和媒体注意和关注的焦点。

不同于那些以度假为目的的游客，他（她）们自带帐篷、厨具以及各种野外生存工具，各自以不同的方式四处游走，常常会在行走的过程中，发现或遇到一些旁人没有去过甚至很少有人涉足的美丽风景。

当然，"驴行"的路途中，往往也会遇到一些意想不到的困难或是从未体验过的困境，这些过程，都会成为"驴友"丰富的生活体验和极为宝贵的人生历练，是在现实生活中可以面对任何人生挑战的力量源泉。

经过十数年户外运动的发展，川西、云南、西藏一带已经成为国内"驴友"的乐园，其中云南丽江因其周边地势雄奇，海拔相对不高，含氧量丰富，自然风光秀美，已经成为"驴友"最先涉足和聚集之地，然后就是四川和西藏、新疆、宁夏、内蒙古等少数民族地区。

我们美丽的青城——呼和浩特的户外运动，与国内其他的省市相比较，发展较为滞后。通过近几年的不断发展，据不完全统计，目前已经拥有各种规模不等的大小户外群体数百个，参与户外运动的人数已经超过十万，据不完全估计，每个周末在呼和浩特市周边的沟沟坎坎里，最少有将近两万人的"驴友"在穿越和行走。

　　笔者本人就是一个"户外迷"，执着和迷恋于"户外驴行"之中，在行走的日子里，一直想着要做一本书，作为我们青城户外"驴友"的影像和文字记录，和"友友"们一同回忆，共同分享那些我们一起走过的日子，还有那些令我们格外留恋的定格瞬间。

　　本书结合呼和浩特市各个户外群的出行特点，分别选取了一些相对较为经典的户外行走线路，把我们大多数户外"驴友"在行走过程中的体验和心情，以及对生命、生活更深层次的领悟，还有我们沿途看到的美丽风景，以美文的叙述和表达方式，配合以大量精美的户外

图片，把绿色健康的户外运动和我们呼和浩特市周边风光秀美、自然独特的地理环境，丰富多彩的历史人文，以图文并茂的形式，向广大户外运动爱好者和对这项运动产生兴趣的人群，进行一次多方位、多角度的展示和再现，借以宣传和推广"绿色、环保、健康、和谐、乐活、安全"的户外运动理念，不忘初心，崇尚自然，从另一个角度，为呼和浩特户外运动的可持续发展和健康良性的延续，做一些个人的努力、推动和尝试。

小贴士：户外徒步运动的分类

1. 初级户外徒步运动：包括户外旅游、远足徒步、健身登山、露营、非山地定向运动；

2. 登山户外徒步运动：（海拔3500米以下），包括登山、人工场地攀岩及下降、山地穿越、山地定向穿越；

3. 技术型户外徒步运动：包括自然场地攀岩与下降，溯溪、洞穴体验（有相关部门开发的固定路线）、野外生存及拓展、短途无人区（沙漠、戈壁等）徒步穿越（三天以内）；

4. 高海拔户外徒步运动：（海拔3500~6000米），包括登山探险、攀岩、攀冰、长途无人区（沙漠、戈壁等）徒步穿越（四天及以上）；

5. 高山探险（海拔6000米以上）：包括攀登世界级高峰、极地探险、洞穴探险（非固定路线）。

那些特别懂得自娱的人，其实都是孤独却又不愿轻易打破孤独的孩子。所以他们学会了独自一个人的快乐方式，而那种快乐，恰是最不容易失去的。

——扎西拉姆·多多

青城户外运动的"小学毕业典礼"
——料市山（706）

1

青城户外运动的"小学毕业典礼"
——料木山（706）

在青城呼和浩特的户外界里，有一个不成文的说法，那就是只要登上了料木山的"706"，才能算作是青城民间户外运动的入门级选手，若是以"学历"来排列的话，相当于取得了"小学毕业"文凭。

料木山位于呼和浩特市郊区毫沁营乡北侧，哈喇沁沟东侧，为辖区内大青山前山主峰。

山顶为一平台，海拔2049.6米，是呼和浩特市郊区境内大青山段的最高峰，内蒙古电视台706插转台的发射塔就建在山峰顶端。旧时在山的背坡上和沟壑里曾经盛长松柏，常有山民来此取材建房，所以得名"料木山"。还有一说是登顶后远望青城，一目了然，所以又称"了目山"。2004年，政府在此开工建设总装机容量为120万千瓦的大青山蓄能电站。

大多户外群在徒步"706"的时候，都会选择两条线路，山峰东侧比较平缓，适合于刚刚参加户外运动，还没有太多经验的"初级驴友"

　　林徽因说："背上行囊，就是过客；放下包袱，就找到了故乡。其实每个人都明白，人生没有绝对的安稳，既然我们都是过客，就该携一颗从容淡泊的心，走过山重水复的流年，小看风尘起落的人间。"

进行适应性行走和爬升；山峰西侧多为悬崖峭壁，适合于具有一定户外经验，喜欢挑战和超越自我的"强驴"攀登和穿越。

整个攀爬过程并没有什么浪漫可言，有的只是鞋底接触到的崖壁黏腻湿滑，手握绳索时的小心翼翼，回望身下时的胆战心惊，或许，你会在某一个间歇的时刻，在整个身体贴附在崖壁上喘息的瞬间，在手臂和双腿因为紧张而引起的酸痛和颤抖中，很诚恳地向自己提问："放着一个好好的周末，不去试试街角那家新开业的火锅店，也不去尝尝经常光顾的那家快餐店里新近推出的美味比萨，大老远地跑到这猴子上去都嫌费劲的荒山野岭上攀爬，图了个啥？"

或早或晚的时候，我们总会感到自己困在一处"困囿"的境地，前进无着，后退不能，头脑和肠胃皆无蠢动的欲望，除了时钟的停摆，一切都无能为力地停滞了，挑战或是突破，便是此时的考验，仅此而已。

当你历尽辛苦登顶之后，再回身临崖探首，脚下便是陡壁数十丈的深渊谷底，令人不禁目眩神离。

极目远望，偌大的水库波平如镜，山下的庙宇平和安详。从这里能看到对面峡谷绵延的山势和山下谷底蜿蜒的小路，山风吹着，浮云就从眼前掠过，像一匹轻纱飘飞上头顶。一时间恍然如梦，天上人间。

徜徉在蓝天白云的山水间，呼吸着花香馥郁的清新空气，感受着猎猎山风的抚触荡涤，这一刻，你的身体已经融入这天地间，所有的疲惫瞬间无形，心，已经远离尘世芜杂，整个世界在你面前豁然开朗，宽广无边。

天地悠悠，山川无言，每个人，都有着各自的祈祷和梦想。曾有户外运动的资深"驴友"戏说：户外即人生，感言户外的历练与人生的体验，从心理层面的起伏变化上，是殊途同归的。同样，在生活中，有很多的时候，我们总会以为无路可走，其实这只是生命中另一段旅程的开始。没能力看穿全局的我们，更多的时候会心慌、会焦虑、会

不知所措。然而，只要我们再撑一下，自然就能见识到更为宽广的世界。

林徽因说："背上行囊，就是过客；放下包袱，就找到了故乡。其实每个人都明白，人生没有绝对的安稳，既然我们都是过客，就该携一颗从容淡泊的心，走过山重水复的流年，笑看风尘起落的人间。"

户外小贴士：怎样挑选一双合脚的户外鞋

在户外行走，无论是路面、野地，还是林间，都有可能布满大大小小的碎石，同时还有着崎岖的、陡峭的坡度，所以平时在健身房或球场所穿的球鞋，都无法保证脚部不受伤害。这时，具有高摩擦力的止滑鞋底，经防水处理过的鞋面及包边条，可保护脚踝、脚跟的高密度泡棉，和强力吸震中底的专业登山健行鞋，才是户外活动的第一选择。

户外鞋合脚及舒适性最重要。购买时一定记得要买比平常略大一号的鞋，因为户外运动袜比平常的袜子厚实，同时登高山时更需要在里层再穿上排汗内袜，所以试穿时，一定要穿上两层袜子。接着将脚趾往前顶，此时脚后跟必须要留有一个手指的空隙，再将鞋带绑好，踩上15°斜角的踏台，以测试脚尖及脚板侧是否舒适。

最后再穿上两只鞋子，四处走走，甚至试着上下楼梯，要直到确认完全舒适无虞才行。一般新鞋子至少每天试穿1~2小时，连续穿1星期，这样才不至于在初次长途登山、健行时，尝到"打脚"的痛苦滋味。收纳时尽量使用防水保革油，可以延长鞋子的寿命、增强防水效果，每次"长征"后最好都要保养一次。

一定要找机会去一个完全没有人认识你、在乎你、要求你的地方。没有人认识你，是你开始认识你自己的最佳时候；没有人在乎你，是你开始照看自己的最好机会；没有人要求你，你才拥有空间审视自己的真实需求。

——扎西拉姆·多多

▶ ▶ 二龙什台的哲思

2

你所看到的，是另一种风景，你所体验的，是非一般的感觉。

二龙什台的哲思

能够让人们拿起背包，在户外的广阔天地间恣意行走的理由有很多，甚至于说千奇百怪也未尝不可，而在二龙什台，一张照片就已经足够了，那是一片沐浴在深秋令人迷醉的阳光下，漫山遍野的炫彩与金黄……

二龙什台的前身，是国有蛮汗山林场，1993 年由国家林业部批准，更名为二龙什台国家森林公园。百度词条的网上旅游攻略里，关于公园景区的介绍十分详尽，不过户外行走的线路，更多的是在寻找更为自然和未经人工雕琢的，绝少有人光顾的原生之地。就像"驴友"们常常挂在嘴边的那句话："你所看到的，是另一种风景，你所体验的，是非一般的感觉。"

站在高处，望着不远处山林间穿越前行的伙伴们，内心总是会产生莫名的疑惑，常常会哲思泉涌，感慨万千。就像看到我们自己，仿佛穷尽一生，总是在寻找着一份大的智慧，于是我们历尽千辛万苦，

在书本中探究，在深山中寻觅。

　　最终我们找到的，是一直伴随在我们身边最为平常的东西。于是我们在心里给自己画上一个巨大的问号；于是我们开始惊叹别人对生活感知的细腻；于是我们开始羡慕别人超然的悟性，只是我们常常忘

　　最深的道理往往存在于最浅显的事情当中，只是我们在自然的情节中，总是使其自然的像光阴一样逃走，我们从未提及，因为我们的目光，只看到了远方的高和远。

记了自己的简单和粗糙。

最深的道理往往存在于最浅显的事情当中，只是我们在自然的情节中，总是使其自然的像光阴一样逃走，我们从未提及，因为我们的目光，只看到了远方的高和远。

遥远的期望，总是拥有着美丽的光环，令我们常常沉醉，久而久之的眺望，最终会让我们发现，其实那不过只是一个幻影，一个虚无缥缈的幻影镜像，像空中的海市蜃楼。

千里之行始于足下，我们的思想真的很需要用坚实的步伐，丈量每一寸心灵的土地。生活的点滴需要用心灵去感悟，化作我们内心的力量，从而让我们的智慧与思想可以无限延伸。

认真的态度凝聚着我们的精神，让我们在脚踏实地的境遇里夯实自己。难得糊涂是一种境界，而我们更需要在这种境界中，保持一颗清纯、

一个人，一条路，人在途中，心随景动，从起点，到尽头，也许快乐，抑或孤独，只要心在远方，就要勇敢前行，梦想自会引路，有多远，就走多远，把那些路过的足迹，连成一条属于自己的生命线。

坦然的心，这样，我们在浑浊的世事中，也能沉淀出清澈的心境。

王朝更迭，江山易主，世事山河都会变迁，其实我们无须不辞辛劳去追寻什么永远。活在当下，做每一件自己想做的事，去每一座和自己有缘的城市，看每一道动人心肠的风景，珍惜每一个擦肩的路人。纵算经历颠沛，尝尽苦楚，也无怨悔。

在路上行走，我们需要的只是倾听我们内心的声音，因为自然、真实、坦诚。生活的哲思，就是需要我们在最平淡的事情里，感知最朴实的道理。

一个人，一条路，人在途中，心随景动，从起点，到尽头，也许快乐，抑或孤独，只要心在远方，就要勇敢前行，梦想自会引路，有多远，就走多远，把那些路过的足迹，连成一条属于自己的生命线。

小贴士：户外徒步的基本装备

户外的徒步的旅行装备，在选择上，需要取决于目的地的自然环境、徒步的强度和时间的长短。就我们呼和浩特市各个户外群的线路特点，一般来讲，一双好的徒步鞋、一身速干衣裤、一顶遮阳帽、一个45L左右的双肩背包。如果万科的王石或是中国登山队队长王勇峰没有打来电话或是发来电子邀请函邀请我们一起去攀登珠峰的话，这些简单的装备就足够应付普通或中等强度的徒步和穿越了。至于其他的配置，建议在对户外徒步运动有了一定的了解且决定经常性的参与之后，再根据个人的需要逐渐添加。没有什么是应该有的，没有什么是必须配的，装备，无非是为了我们走的更加舒适、更加轻松，毕竟我们的祖先在蛮荒的时代不穿鞋子也照样爬山，照样走路。

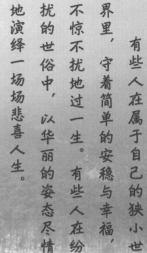

有些人在属于自己的狭小世界里，守着简单的安稳与幸福，不惊不扰地过一生。有些人在纷扰的世俗中，以华丽的姿态尽情地演绎一场场悲喜人生。

——林徽因

▶ ▶ **3**

圣水梁邂逅
——"驴行"中的"驴子"

时间如流水般淌过，岁月的轮回转换，总会把一些瞬间的影像定格，成为凝固
在我们生命中的冰封时刻，被恒定在时间和空间的刻度盘上，永远凝结。

圣水梁邂逅
——"驴行"中的"驴子"

户外行走的意义，在于不走寻常路，在于不去重复欣赏大多数人看到过的风景。

圣水梁位于呼和浩特市与卓资县交界处的新城区保合少镇大青山国家级生态保护区内，海拔 2149 米，据当地人讲，此地过去常年有泉水从梁顶涌出，水质清爽、甘甜，四季不歇，还说山上的泉水可以治疗疾病，故有神水之说。还有一说是这里在清朝以前叫作"神水梁"，传说清康熙帝平定噶尔丹后在呼和浩特驻扎时，曾经来此狩猎，喝了山谷中的泉水后赞不绝口，于是便改名为"圣水梁"。后康熙帝在御览了山上赵长城时，还挥毫写下"万里经营到天涯，纷纷调发足浮夸，当时用尽民生力，天下何曾属尔家"的诗句。

圣水梁的背坡是"红召"圣地，区域内有高山草原、赵长城、原始森林、大峡谷、天然洞穴、怪坡、北魏大墓等景点，旧石器时代古人类活动的大窑文化遗址也在此地。

在圣水梁，人们最为熟悉的就是这里的影视城了，这座曾经作为大型电视连续剧《成吉思汗》外景地的现代古堡，在最初刚刚拍摄完工的时候，着实热闹了一阵子，而今"门前冷落车马稀"，古堡的外墙已经日渐斑驳。

间或会有经过的"驴友"，把这里当作一个衬托或背景，摆一个酷酷的"POSS"，作为自己"到此一游"的影像记录，封存在自家电脑里的某个知名或不知名的文件夹里。

时间如流水般淌过，岁月的轮回转换，总会把一些瞬间的影像定格，成为凝固在我们生命中的冰封时刻，被恒定在时间

和空间的刻度盘上，永远凝结。在未来岁月的某个慵懒阳光的午后，当我们打开电脑，重温那些走过的足迹时，凌乱的目光，也许会在这一组照片上，稍许停留上那么一小会儿……

思想间，回忆的质感与幻灯片的画面交错闪映，就仿佛坐上了时光机，瞬间便将你我穿越回到那一片残雪覆盖的坡顶，重又置身于令人迷醉的山壑和雪岭之巅。

那一刻的空气，凛冽、清凉。

踏着冰雪覆盖着的古老的石头和泥土，抬头仰望，正午的阳光朦胧而无力地想要突破阴郁的云层，仿佛要向谁讲述一个永远也说不出来的童话故事。

行走间，残雪和枯草间不时会发出阵阵空灵的"吱吱"

脆响，令你会不自觉地感受到一种难以言说的欢愉在体内涌动，仿佛胸怀一个十分宏大的秘密，忽然成了这世界上最春风得意的幸运儿，心里抑制不住地生发出一股莫名其妙的感动。

当你正想把这感动转化为一次清越激昂的肺活量纯氧测试时，缥

　　思想间，回忆的质感与幻灯片的画面交错闪映，就仿佛坐上了时光机，瞬间便将你我穿越回到那一片残雪覆盖的坡顶，重又置身于令人迷醉的山壑和雪岭之巅。

圣水梁邂逅——"驴行"中的"驴子"

驴子，是一种极具情感和灵性的动物。在它们身上，最能体现人类普遍的精神喜好和需求，譬如敏感、淳朴；譬如健康、快乐；譬如深情和专注……

缈迷离的空气里，蓦然飘来一句高端大气的时尚经典："时代依旧负重前行，而你我已凌波微步……"

一群无人照看的驴子，在坡顶上静享着属于自己的时光，阳光普照的时候，这些快活的驴子顽皮地撒着欢，打着滚，相依相靠，彼此抚慰，或是站着打盹，充分体现了快乐不羁的天性。据说，它们都是站着睡觉的，站着打盹和休息，似乎比站着吃草更加闲适和自得。

记得在一本书里，读到过对驴子十分细致的描述：驴子，是一种极具情感和灵性的动物。在它们身上，最能体现人类普遍的精神喜好和需求，譬如敏感、淳朴；譬如健康、快乐；譬如深情和专注……

只是，当我端着相机，想要从取景器里，更多留存些这行走中难得一遇的温情景象时，它们却拒绝了我的靠近，把我心中瞬间的喜悦和无比失落的怅惘，相互纠结着淹没在尘光四起的蹄声里……

于是望着驴子们渐渐远去的身影，默念起一首即兴应景的小诗，权且当作是因为我的闯入，而打扰了这群驴子们的午后休闲时光所表示的些许歉意吧：

为了能站在这里，

需要去经历，

多少个风雪交集，

多少次寒冷不敌，

那一路的风景沁人心脾，

才有了你我的无所顾忌，

那就让我静静地站在这里，

山丘雪原一览无遗，

让我再一次深呼吸，

踏上这片土地，

感受行走的意义。

走在路上，你总会领略到属于你的风景，那些低吟浅唱，丰盈饱满的状态，会使你的生命充满动量，而那些我们偶然遇见的生灵，它们不仅会让你见证自己的成长，亦会让你感知自己内心深处的山高水长。

户外小常识：不要打扰野生动物。对于我们来说，在户外出行的野外自然环境里，我们只是匆匆过客，我们的无意闯入，在某种程度上也是对它们的一种威胁和打扰，我们在野外有些看似友善的亲近和喂食行为，会增强野生动物对于人类的依赖性，从而丧失或部分丧失其原有的在自然环境下的生存本能。

我们需要相信，世界完好如初，我们不过是与充满温情与灵性的美好的一切，失联了那么短短的几天。

——郭子鹰

▶▶ 冰雪哈拉乌素

4

冰雪哈拉乌素

　　"在这个不下雪的冬天里，每周的户外，就只是钻沟、爬山，实在是没什么意思了！走长线吧，又没有太多的时间，真的是很郁闷。"每到冬天，常常有一起走过的"驴友"抱怨。

　　冬天的户外运动，相对而言，大多是单调而乏味的，而这些年里的冬天，天空飘雪的日子，似乎比刀郎的《2002 年的第一场雪》来得更晚些。转过了山顶上的敖包，钻过了山下的沟，攀爬和体验了各条大沟里那些样貌疑似近亲的条条冰瀑，被冬天冰冷坚硬的石头硌的生疼的脚底，迫切地渴望着在平整的地面上舒缓的走走。于是，便有了心灵感应般的"哈素海冰雪节"。

　　"哈素海"，蒙古语称之为"哈拉乌素"，意为"黑水湖"。

　　位于土默特左旗西南侧，地处呼和浩特、包头两市之间，距离呼和浩特市 70 公里，南濒黄河水，北倚大青山，水面面积 30 平方公里。

　　夏季里的哈素海，风光优美，波光粼粼，水鸟争鸣。岸边建有凉

　　水托青山，山映水中，湖内芦苇丛丛，盛产鲜鱼肥虾。游人畅玩半晌，再回到岸上的酒家点上几道风味各异的水中湖鲜，大快朵颐一番，自是不曾辜负了这一湾旖旎婀娜的湖光山色。

亭水榭，假山牌楼，曲径回廊，还有仿古划舟和机械动力游船，可供游人荡舟湖中。

　　水托青山，山映水中，湖内芦苇丛丛，盛产鲜鱼肥虾。游人畅玩半晌，再回到岸上的酒家点上几道风味各异的水中湖鲜，大快朵颐一番，自是不曾辜负了这一湾旖旎婀娜的湖光山色。

　　更何况，这里还有新近开发的、一年一度的"哈素海风筝节"呢。

　　而在冬天，这里的湖面上，除了可以偶尔听到"留守"的鸟儿在发现食物时兴奋的啼叫几声，余下的，就是土默川平原上的朔风，在茂密枯黄的苇草间步履蹒跚的沉重呼吸。

　　这样的时节，这样的景致，的确让人找不出任何的兴奋点。

　　不知是地方政府为了带动经济，还是哪位有识之士看到了商机，抑或是为了同步北京冬奥会的申办吧，继"哈素海风筝节"之后，这里又开发出了"哈素海冰雪节"，让哈素海冬天的冰面上，不再寂寞。

只是，让人多少心存遗憾的是，这一季的冰雪节，依旧只有冰，没有雪……

进入冰雪节主场，可以看到冰冻的湖面边缘，几台气势威猛的造雪机，张着大口，昂首向天。

一座座造型各异的雪雕，很听话的静静伫立着，默默地注视着来来去去的人流过往。

"这个冬天雪还不下，站在路上眼睛不眨，我的心跳还很温柔，你该表扬我今天很听话……"同行的人群里，不知谁的手机铃声蓦然响起，居然是张楚的成名作《姐姐》，歌词和旋律应景得让人抓狂……

从仰视的角度向上，可以看见它们凝重的表情，一如哲人一般的思考；从俯视的高度向下，它们也在向你郑重地表达自己对于生命进

程的认识和态度："人类！你可曾读懂岁月？读懂岁月匆匆的背影，读懂岁月中那份渐老的情怀？当有天老去，看着欲坠的晚阳，你是不是会悄悄怀想，那已经远去的时光。夕阳映照下的波光粼粼的湖面，泛起的都是那点点金黄的记忆。有我们失去的青春；有我们成长中的风雨；有我们幸福地欢笑；有我们真情地哭泣；有我们艰难地跋涉；有我们成功后的喜悦。你知道吗？你们所有的这些曾经过往，都已化作细密的纹路，一键还原地雕刻于我们的眉眼之间。"

有那么一瞬间，你的意识忽然变得恍惚，大脑回路里的神经元细

　　我们趁着自己还不算太老，成见还不是很多，并且不算强劲的心脏里还多少残存着一些勇敢和好奇，还依然渴望着远方，心态尚且开放，还不愿意就此逃避现实的真相，多出来走走，在自己熟悉的城市周围转转，看看……

胞背离了你的习惯思维模式，在现实和虚拟的空间里短暂地游离了那么几秒钟，仿佛在相机的取景器里，看到一张酷似你自己，被岁月的刻刀雕琢的格外陌生的脸……

　　迷宫般的城市，让人习惯看相同的景物，走相同的路线，到同样

53

的目的地；习惯让人的生活不再改变；习惯让人有种莫名的安全感，却又有种莫名的寂寞。而你，永远不知道，你的习惯会让你错过什么……

于是，我们趁着自己还不算太老，成见还不是很多，并且不算强劲的心脏里还多少残存着一些勇敢和好奇，还依然渴望着远方，心态尚且开放，还不愿意就此逃避现实的真相。多出去走走，在自己熟悉的城市周围转转、看看，当那些美好的瞬间过去，我们仍有回忆握在手中，可以回味，安慰自己；可以分享，宽慰他人，或者偶尔还会激发你的潜质，梦想自己会像古往今来的许多伟大的行吟诗人一般边走边唱：

似梦里，

阳光通透的样子，

我走在雪地，

埋头细数前者留下的足迹，

我看见影子留在了雪里，

此刻，

我闭上了眼睛，

人世间的缥缈和虚无，

随着脚步一起沉浮，

逆着光却看见，

梦和希望，

我不会停下脚步，

我会去追逐，

梦里阳光里，

我变成了一个孩子。

梦里阳光里，我变成了一个孩子……

既然认准了一条路，就不要去打听要走多久！

——卢思浩

5

风车下的辉腾锡勒

风车下的辉腾锡勒

人生的纷纷扰扰，杂杂乱乱，在一个特定的时间，特定的地点，在脑海中安排了千万遍的事，一次一个步骤，人生难免精致，却也死板，永远没有激情，没有意料之外的惊喜。于是，也只有在心里默默地问：下一班幸福列车，几点开？

对于热爱户外运动且乐此不疲的"驴友"来说，每逢周末，在晨阳初起和夕阳渐落的那个时段，背起背包，走出家门，远离城市，可以暂时脱离那么一小会儿周而复始的生活琐碎，可以自由畅快地呼吸着野外和山间的清新空气，甚至还可以在行走的过程中，在另一片的天空下，能够重新捡拾起一些曾经掉落的美好，能够重新体验一番简单到极致的人际关系。

就像辉腾锡勒草原上的那些高高的风力发电机，在三叶桨缓慢的转动中，汲取着大自然里最为绿色的能源，为我们提供着最为纯净的动力和能量。

　　辉腾锡勒草原是我国风能资源最丰富的地区之一，这里靠近蒙古高气压中心，常年多风少雨，树木稀少，地形开阔，风力经常能达到7～8级，非常适合建设风力发电站。1996年，内蒙古风电公司在辉腾锡勒安装首批风机，到如今已经投资了近四亿元，每年发电量约一亿度，目前已成为我国北方最大的风力发电厂，其中还有少部分电能供应北京。

　　空旷的草原上，一万多座大型风力发电机组，聚集在一起迎风旋转，极目远望，遥遥地看不到尽头，由于处在同一地平线，不管你从任何角度望去，肉眼最多能看到几百座风车，气势极为壮观。

　　"辉腾锡勒"草原的黄花沟区域，位于内蒙古中部的乌兰察布草原腹地，是典型的高山草原地形。距北京市430公里，距离呼和浩特市区110公里，距京包铁路卓资山车站30公里，距察哈尔右翼中旗政

府所在地科布尔镇 15 公里。平均海拔 2000 米以上，总面积 600 多平方公里。由于地形的特殊，这里山峦起伏，沟壑纵横，两崖壁立，蜿蜒伸展。每当盛夏，更以绚烂的黄花闻名。

徒步向草原腹地进发，会在行进的途中遇见一道纵深 10 公里、宽达 300 米的天然大沟。两侧山势险峻，奇峰突兀，向下看去，沟内森林茂密，古柏参天，林间的绿色草坪极富质感和弹性，白蘑菇、黄花、百合花点缀其间，这就是著名的"黄花沟"了。

沿着山间"羊道儿"攀缘向上，曲径通幽，鸟语花香，水流潺潺，抬头向天空望去，偶尔会看见苍鹰在头顶上盘旋翱翔，站在"双驼峰"顶远远望去，近观是悬崖峭壁，稍远处是茂密的白桦树原始森林，再远处是铺满绿色草毯一样的山包，而更远处突显贫瘠的荒山，却又与蓝天、白云融为一体，使这塞外奇观犹如一幅壮美的山水画卷。

历史上，曾有许多古代民族踞此而争雄，古代北方民族的数位皇帝，都曾在这里避暑消夏。据说，第一个到这里旅游观光的皇帝是北魏开国元勋拓跋珪，最后一个到这里休闲消暑的皇帝，是一代天骄成吉思汗的第三个儿子，元太宗窝阔台。而使人们印象最为深刻的便是勇敢彪悍的敕勒人了，他们赶着高轮大车，从遥远的贝加尔湖迁徙到这一带游牧，不仅经历了刀光剑影的生存淬炼，还留下了极富诗意和想象力的"敕勒川，阴山下，天似穹庐，笼盖四野"的千古绝唱。

世界可以是这个样子，也可以是那个样子，但唯独不是你想的样子。漫长的岁月里，这片广阔的草原，早已不是原来的样子。森林覆盖了刀剑的锐利，青草圆润了铁蹄的锋芒，就像生命进程中所有美好的经历，之所以令我们常常留恋和怀念，

67

魅力就在于不可重复，因此，也就永远活在了记忆当中……

王朝更迭，江山易主，世事山河都会变迁，其实我们无须不辞辛劳去追寻什么永远。活在当下，做每一件自己想做的事，去每一个和自己有缘的地方，看每一道令你心动的风景，珍惜每一个擦肩的路人。就算经历颠沛，就算尝尽辛苦，也都值得，没有什么抱怨和后悔的。

户外小常识：户外活动时的常备必需品——防风（雨）衣、充足的饮用水、备份食品（能量棒、巧克力、牛肉干等）、便携刀具、野外生火用具（火柴、打火机或点火器）、地图、指北针、防晒用品（长檐帽子、防晒霜、太阳镜或唇膏等）、急救包、哨子、小镜子（遇险、迷路或紧急救援时使用）。

你一次一次地离开，又一次一次地回来，就像是一个诅咒。
但是你又能从哪里离开呢？城市和城市都一样，山里面住久了，
山也会变成另外一座城。也许在任何一个地方久了，都会被任
何一个地方所催眠，都会产生一种幻觉：哦，这就是我想要的了，
我将为之奋斗终生，肝脑涂地。幻觉和幻觉之间那个关于真实
的缝隙，我满心委屈地，看着它被慢慢填满。

——扎西拉姆·多多

▶ ▶

"走西口"之杀虎口

6

"走西口"之杀虎口

我们常常在想，户外的目的究竟在哪里？户外的意义到底是什么？有只在笼子里生活了很久的小鸟告诉我，它对世界的各个角落了如指掌。后来有一天，主人忘记把笼子关好，小鸟飞了出来，才发现这个世界并非它想象的那么简单。

没有搞明白我的意思？搞不懂就对了。离开自己熟悉的城市，走出去看看就知道了，户外就是找几个合适的人，找个没有去过的地方，告诉自己，远离城市的边界，原来还有许多未曾见过的风景，原来城市边缘的那道地平线，还可以继续延伸，再延伸……原来我们每天的日子还是这么值得熬下去，熬下去，直到背起背包的时刻到来！

记得很小的时候，我的外祖母常常一边做着家务，一边哼唱着一支不知被重复过多少遍的歌儿，那几句歌词现在还记得很清楚："哥哥你走西口，小妹妹我实在难留，手拉着那哥哥的手，送哥送到大门口……"曲风凄婉，意境苍凉。

　　清初，长期镇压农民起义和抗清的战争，使北方长城以内的生产遭到极大破坏，各地田地荒芜，屋宇残破，人丁流亡。大批山西、陕西、甘肃和部分河北的破产农民、战败的农民起义军，或携男挈女，或孤身一人，千百成群，背井离乡，冒禁私越长城，"走西口"（指山西省杀虎口。后泛指出长城西部各口去内蒙古西部各地），"去归化觅食求生"。当时的流民由土默特而西，或向蒙民租地垦种，或入大漠私垦，形成"走西口"的群体迁徙，与"闯关东""下南洋""蹚古路"并称明末清初的四大群体移民事件。

　　清朝初期，清廷对蒙古各部采取怀柔政策，推行喇嘛教，大兴寺庙，大量招徕山西、陕西、河北工匠和破产农民，另外明末因遭蒙古林丹汗的兵祸，人口锐减的土默特首领小顺义王为补充"丁（人）口"和"苏木"（佐领地），不分民族，破例纳丁编佐，以补足30个苏木（150户丁口为1个苏木）的缺额，山、陕流民纷纷前来加入蒙籍。随着清朝对蒙古封禁政策的松弛，以及历年遭受严重自然灾害而破产的失地农民不断流入，"走西口"的人渐由土默特而西至阿拉善、额济纳等地耕牧就食，至新中国成立前延续不断，直至新中国成立后，才结束了这段"走西口"的痛苦历史。所以，现今我们呼和浩特市和包头市的很多居民，大多都是当年"走西口"人的后裔。

上述歌词和文字里"走西口"的"西口"，即今"杀虎口"，位于山西朔州市右玉县下辖区，地处晋西北边陲，与内蒙古划长城为界。在古代名为"参合口"，唐朝为"白狼关"，宋朝叫"牙狼关"，明朝为了抵御蒙古瓦剌南侵，多次从此口出兵征战，故而起名"杀胡口"。康熙西征平定噶尔丹后，经"杀胡口"凯旋，为了安抚西北少数民族，

从这里出关，回望原乡，一步一回头，默默走向另一场宿命人生的无奈与苍凉。

便将"胡"改为了"虎"，之后这里便一直叫"杀虎口"。1925年，由冯玉祥率领的国民军进驻"杀虎口"。是年，冯玉祥任命其十三太保之一的韩多峰为杀胡关镇守使。韩多峰为了缓和民族矛盾，促进中原地区与塞外的贸易，遂沿袭自清朝以来的俗称，正式改名为"杀虎关"。

杀虎口两侧高山对峙，地形十分险峻，其东依塘子山，西傍大堡山，两山之间开阔的苍头河谷地，自古便是南北重要通道，至今大同至呼和浩特的公路，仍经由此地。离杀虎口城关百米之处有两座连体城堡，一为"杀虎堡"，一为"平集堡"，两座古堡分别为不同时期所建，"杀虎堡"建于明嘉靖二十三年 (1544 年)，初时为土筑，万历二年 (1574 年) 改为砖堡，城周为 1000 米，高 11.7 米。"平集堡"建于明万历四十三年 (1615 年)，其长、宽、高、厚与"杀虎堡"尽皆一致，两堡之间于东西筑墙相连，成掎角互援之势。单从名字上看，便体现了当时由战争走向和平的转化。明朝隆庆五年，明王朝和蒙古开始通贡互市，古堡逐渐开始由兵堡转变成一个商贸重镇，清朝时期加大了开放力度，一代代，一批批"走西口"的人们，开始通过这里向口外发展，古堡

也达到了极盛时期,方圆一公里左右的小城堡内,商铺、作坊、客栈、庙宇应有尽有,有着"小北京"的殊荣。

杀虎口不仅是商贸重镇,还是历史上著名的税卡,传说在清代极盛时期,杀虎口的关税可谓日进"斗金斗银",直到清朝末年,关税还有十三万两之多。随着一代代的"走西口"人移居口外,将中原农耕文化带到内蒙古后,内蒙古也开始了自己的发展,很多需要西口商路供应的东西也渐渐开始自给自足,杀虎口这个边贸重镇也开始衰落。

"这里就是杀虎口,不过现在已经没甚看头了,都是新修和新建的城墙了,连墙砖都是新的。"每次有户外群或游客来到这里,站在簇新的城门楼下和宽阔的柏油路中间茫然无措的时候,总会有当地人指着眼前一座壮丽挺拔的砖式城楼,摇摇头,轻叹一口气,目光穿过

城墙的垛口，神情多少有些恍惚，一如看到好多年前，在黄土夯筑的城墙上，一群手拿树枝杆棒，攀上爬下，灰头土脸的少年们，大呼小叫地模仿着古代的士兵，在那里冲锋陷阵、拔寨攻城的穿越场景……

　　杀虎口的变化，发端于2000年前后，当时国内掀起一股"晋商"文化热潮。杀虎口作为清朝时期的"第一税关"，同时也是晋商"走西口"的关键站点，自然受到外地游客的追捧。2000年以前，对于大多数右玉人而言，这里不过是一座破旧的夯土城门，是右玉到内蒙古的必经之路。以前就是一个高大的黄土城门，两边的城墙也是夯土堆，没房子住的穷人在边上搭个棚子，就住下了。而2000年以后，由于"晋商"文化的热潮，带动了杀虎口的旅游开发，整个杀虎口城门被翻新重修，推倒了原来高门窄道设计，如今的杀虎口城门由两个新修城楼

组合而成，开阔雄壮。而在杀虎口东南面，则新立了一座康熙雕塑和一座博物馆，再往南，是一溜簇新的，青色砖瓦结构的仿古式商业店铺，只是门楣光鲜，却没有几户商家入驻和经营……

"有多少钱修多少，一步一步来！"这是当年县政府定下来的旅游开发的发展思路。

杀虎口位于右玉县最北向，是历代古长城的雄关要隘。由于地理位置特殊，境内的长城也修建较早，可以一直追溯至春秋战国时期。因为旅游开发，整个杀虎口城门被重建翻新，历史原貌遭到破坏。在不少长城研究者眼中，山西省右玉县杀虎口是长城保护开发过程中的一个极端案例。因为争议太大，整个杀虎口长城旅游开发的进展十分缓慢，也没有达到当初规划和改建后期望看到的效果。

青城各个户外群在这里行走的线路和次序大致相同，先进到博物馆参观，然后顺博物馆后边的柏油路上山，或徒步，或乘大巴车，朝向山后不远处的"海子湾"水库进发。

水库的湖心小岛与岸边有一座铁索栈桥相连。

岛上几座纯白色汉白玉凉亭，亭子的穹顶和檐角，雕琢得十分精美，在水面和蓝天的映衬下，自有一番清新、淡雅、安静、平和的浪漫氛围。

在水库及水库中心的人工岛上盘桓一两个小时，再乘车返回到右玉县的旧城区里固定的一家饭馆吃莜面，味道虽不及土默川上鼎鼎有名的武川莜面好吃，不过管饱却是实实在在的。

旧城区不大，只东西向的一条街，路面水泥铺就，较为宽阔，两旁临街既有店铺，亦有住家，门楣和窗棂上的漆面均已十分陈旧。这里鲜见年轻人，屋檐下和背阴处的台阶上，大多是闲谈的妇女和目光游离的老人。

从道路两边的巷子里穿进去，会发现一些旧时的老宅，其中一座侯家大院，据说已有上百年历史。

回到新杀虎口城楼下的广场，如果时间宽裕，还可以四处走走，沿着新城门的外沿，是

一道新修砌的城墙，城墙台阶的入口是要收费的。博物馆的后边，另有一条与柏油路平直分叉的土路，会看见一座2005年县政府立着的石碑，白色的石碑上，书写着"西口古道"四个字，而这"西口古道"的"西口"两字下面，刻的却是"晋商"两字，在夕阳余晖的映衬下，格外清晰……

经过石碑，顺土路穿沟而行，大约十几分钟的脚程，望见一处还没有全部完工的仿古小城堡——这便是全新的"山寨版平集堡"。穿过城门楼楼洞，便踏上一条青砖铺就的街道，街道尽头，另一座城门楼遥遥相望，街面冷清。既没有行人，也没有居民。

街道两边，是一溜儿仿旧的衙门、作坊、和客栈，临街商铺全都上着锁，看锁子的新旧程度，貌似已经很久不曾打开过了。偶尔会有一只虎斑猫，静静地蹲坐在一道门槛儿上，在阳光下眯着眼睛，无精打采地面对着相机镜头，表情漠然。

每每有户外群进到这里，着实会热闹上一阵，拍照的、留影的、四处游荡的。之后，便是一片寂静和冷清，只余下仿古城楼上斜拉下来的影子，在夕阳的垂坠过程中，慢慢地拉长，拉长……

每一次的杀虎口行走，对于青城的户外群来说，都像是一次探亲访友般返乡之旅，抑或是寻根之旅，是一次集体的穿越和体验，是在另一个时代的天空下，认识和感受一回当年我们的祖父辈们，是怎样的说服自己和家人，背负着怎样的重重纠结，肩负着怎样的希望和嘱托，从这里出关，回望原乡，一步一回头，默默走向另一场宿命人生的无奈与苍凉。

"走西口"之杀虎口

历史小链接——桃松寨事件

杀虎口和右玉城作为军事要塞，自古战火不断，特别是在明正统至嘉靖年间，曾先后多次被蒙古军队攻下。不过在嘉靖三十六年（1557年）的一场战争中，守军却在孤立无援的情况下，坚守右玉城竟长达8个月的时间，这在中原王朝对抗外族入侵的战争史上是极为少见的。

这场战争起因于"桃松寨事件"。桃松寨是俺答汗之子辛爱的小妾，极受小王子的宠爱，不过此女行为不端，居然与辛爱部下的一个头目有染，被发现后竟双双投奔了明朝，当时的大同总督杨顺，为邀功请赏，将其送进京城。辛爱得知消息后大为恼火，立刻率部进攻杀虎口，包围了右玉城。杨顺见事情不好，后悔不该收留桃松寨，他向朝廷谎奏，蒙古辛爱部愿用白莲教起义失败后跑过去的汉人交换桃松寨。皇帝同意放还桃松寨，但辛爱却并未退兵，反而加强了兵力，在进攻右玉城的同时，相继向大同、宣府一带的长城发起了攻势。

在蒙古军队的多次强攻下，右玉城军民浴血奋战，右玉城的守城主将在作战中阵亡，当时有一位叫作尚表的武将，恰好从戍边任上回家休养，在此危急时刻，主动出任了右玉城保卫战的指挥官。并在极端困难的情况下，多次打退敌军，还数次抓住战机，偷袭敌营。从头年九月到次年的四月，右玉城依旧牢不可破。不过此时城内军民近乎断炊断粮，能够充饥的牛马羊骡等牲畜也被吃光了。

在形势十分危急的时候，明廷终于派了兵部尚书杨博亲率大军来解右玉之围。蒙古兵见右玉城实难攻下，而明朝援军将至，便自动解除了对右玉城的包围，从杀虎口撤出长城。这场战争之后，明守军重新加固和修缮了杀虎口和右玉城一带的长城。并增加了守备兵额，大大提高了杀虎口的防御能力。

关于杀虎口及右玉城在明朝时的重要性，由代宗颁赐"水陆神祯"一事便可看出。代宗朱祁钰是英宗被蒙古瓦剌俘去后继位的，他为祈祷上苍保英宗安全回来，许愿如打败瓦剌，迎接英宗归来，愿将"水陆神祯"御赐给朔平府右玉县。后来于谦组织的京都保卫战取得胜利，英宗被释，代宗遂派大臣将"水陆神祯"颁赐给右玉，以谢神灵。"水陆神祯"就是皇宫中库藏的120幅稀世珍品和名贵的绘画。据说这些画多出自大唐贞观年间吴道子和阎立本之手。现在残存的部分珍品收藏在山西省博物馆内。

嘉靖三十六年（1557年）的一场战争中，守军却在孤立无援的情况下，坚守右玉城竟长达8个月的时间，这在中原王朝对抗外族入侵的战争史上是极为少见的。

看见山时，你在山之外，看见河流时，你在河之外，如果你能观照你的痛，你便开始自痛中解脱。如果夜太凉，你可以焚香，煮茶，或者思念，总有一种暖，会挂满你我回忆的老墙，记得，不要去倚靠，因为，会有时光剥落。

——扎西拉姆·多多

7

喇嘛洞召的"大师点化"

喇嘛洞召的"大师点化"

每一次在路上行走，都应该是一次寻找自己内心净土的过程，如果你仍然相信，纷繁嘈杂的世界上依然还有这样一个角落，在西喇嘛洞召那间简陋的小土房子里，面对互生大师平和安详的目光时，你一定会感觉到，净土在此，不再路遥。

喇嘛洞召位于呼和浩特特市西 38 公里，毕克齐镇北 7 公里处的大青山中段山中，寺庙三面环山，南面为宽敞的洞沟。明代万历四年 (1576年) 前，博格达察罕喇嘛以这里为中心，广泛传播喇嘛教义，在蒙古群众中影响甚广。后来他的一世徒弟在洞前修建了喇嘛洞召。到清顺治十五年 (1658 年) 扩建了这座寺庙。乾隆时期，皇帝赐名"广化寺"，并赏牒四十道。

广化寺由前后两组寺院组成。后寺建在山腰，凿石为洞，故取名"喇嘛洞"召，人们也把它叫作"银洞"。这里建筑了三层楼，其内有全寺最大的坐佛。洞下石级共 124 级，很陡，与黄山"天都峰""莲花峰"

相似。寺院的西北方有安葬着历代活佛骨灰的白塔。

寺内有四重天五殿三间，楼二层，每层七楹；大殿二十五间，供奉诸佛像。殿前悬挂着清廷赐名"广化寺"的匾额，用汉、蒙、满、藏四种文字镌刻。二殿是欢喜佛佛殿，东西楼供奉着十八罗汉过海像及观音菩萨。还有十殿罗君殿七间，各殿佛像多用黄铜铸就，工艺精巧，造型生动，为其他召寺所少见。

召庙东侧是铜山，西侧为狮子背。山上松柏、白桦茂盛，山峰怪石嶙峋，泉水裂石而出，极为神奇。

每逢有户外群上山，总会有一些信佛的"驴友"，为互生大师带上一些日常生活用品，或是食物、蔬菜之类的"随喜"。还会有一些"驴友"带上一些随身修持的法器，请大师颂念一段加持的经文加持在自己日常修行的法器上。不过，更多的时候，大家还是将心中的诸多烦恼与疑惑，向互生大师做一番毫无保留的倾诉，希冀大师可以为自己指点迷津……

从小屋子里走出来的"驴友"，有的面带微笑，如释重负；有的却依然眉头紧锁，面色凝重。

那次出行，一位一直不肯让人拍摄脸部的女孩子留给我的印象很深。之前，我们仿佛在另一个户外群的活动里见过的，不过户外群里面一直有着"驴友"界的"户外三不问"准则，所以也无意打扰。只是在互生大师的小房子里，我见她听得十分认真，问的却是欲言又止，似乎有许多的心事纠结难以畅怀。

在山下的庙门口吃完简单的户外餐，正打算上到后边半山腰的"银洞"去拍些片子，背起背包刚走了没多远，偶一回身，见她从后边跟了上来，问我是不是要上去，我点头说是，她说也想上去，正好和我搭个伴儿。

124级台阶的坡度比较陡，没走到一半，便听到她的呼吸有些沉重，问她要不要歇歇，她摇摇头，说过完年七月，想要和这个群一起去穿越西藏墨脱，所以，现在每一次的户外，她都会给自己增加一些强度，为明年的墨脱穿越打基础。

台阶的顶上有一小片空地，通往"银洞"的门上上着锁，旁边有两块石碑，文字已经模糊，空地的另一边依着扶手，有一道半人高的红砖砌就的矮墙，矮墙的一端和山体相接，中间一棵老树，树冠庞大，

看不出树龄多少，但见整个树身如漫天花雨般挂满了印满经文的五色风马旗。

正当我端着相机四处乱拍的时候，耳边忽然听到一阵清脆朗朗的诵经之声，且声调渐渐高亢激越，回身看时，见那女孩儿站在挂满彩旗的树下，背对着我，面朝着山下开阔的山野，高声诵念着不知哪一部佛法里的经文，整个人都似乎沉浸在一种异常投入和亢奋的状态里面。

我停下了手中的拍摄，看着她的背影，多少有些茫然，一阵山风轻拂而来，风动，树动，头上的彩旗飘动，女孩儿的肩膀，也在轻轻地抖动……

下去的时候，她只走了几个台阶，便坐了下来，直直地望着远处，

就那样呆坐了许久……直到看见远处又有人朝着台阶走来，终于长出一口气，说了一句："好了！舒服多了，该走了！"便径自下山去了……

返程的途中，和她相距不是很远，听得她和几位"驴友"有说有笑，心里也不觉有些没来由的轻松。我并没有留意她和互生大师之间交流些什么，不过看她现在的状态，应该是在那"银洞"前挂满经幡的树下，放下了一些什么……

其实我们生活中的诸多烦恼，说来无非是来自生活中各个层面的不满足。不满足，往往使原本的美好化作悲剧的开始；不满足，也是挫折不断的人挣扎向前的推动力。所谓："福兮，祸之所倚，祸兮，福之所伏。"佛说："一念三千"。可这一念究竟该朝哪里去想？可当真是令人伤透了脑筋。

我们的生命，真的刚刚好。好到既不长，也不短，拿它来好好地看看这个世界，刚好够用。而持续不断的行走，一定会让你遇见那个更好的自己。因为我知道，每一次的出行，能够打动我的并不一定是那些各具特色的美丽风景，更不是那些取景器和内存卡里留存下来的风光大片。

能够打动和温暖你心房的，是那些与你一路同行的同伴，是你在行走过程中伴在你的身侧左右的，那些你喜欢或不喜欢，认同或不认同，快乐和平凡的伙伴们。正是他们各不相同的人性闪烁，在那个与你人生轨迹偶然交错的瞬间，改变、点化并充盈着你的人生。

户外小常识：户外驴友"三不问"

1. 不问年龄和工作：年龄在现实里，普遍会当隐私看待，并且讳言年老。西方的白领丽人们更讲究这一点。为生而作，工作是我们每个人生活中的一个重要方面，职业的好与坏是一个人在社会中所处的位置，在不熟悉的情况下问的过多，你或他人有时会感到很尴尬。

2. 不问收入和住址：收入实际上与个人的能力相关，事关个人隐私。交谈时一旦涉及这些问题，便会让交谈人没有平等与尊严可言。家庭住址被现代人看作是个人的领地，对不熟悉的人是不会公开的，即便是私宅的电话号码，通常情况下也不会对外界公开。

3. 不问婚姻和健康：谈论婚恋问题，在现代人看来不仅会觉得无聊，而且还有可能被视为成心令人难堪，或是对交谈对象进行"骚扰"。健康问题，每个人的健康状况，均为其立足于社会的重要"资本"，所以轻易不会将其实情告之于人。

总之，别人都不愿告诉你了，你还要问什么？

你以为，是我在纸上的涂鸦，那些，其实是时光在我身上的涂鸦，我与岁月一起，乐在其中，我与岁月一样，言不由衷。

——扎西拉姆·多多

8

红石崖的高山牧场

于是，我们有时会与城市暂时告别，把目光投向山野河川。

红石崖的高山牧场

总有一些人一辈子都活在一个地方，也总有一些人一辈子都活在不同的地方。生活无非便是这两种形态：一种叫作常规、常态，一种叫作另类、反叛。或许人们一旦有了信仰，接下来便会是无尽的疯狂。而我们心中却只有交错着行走的信念，没有了世俗的麻木，也没有了太多的轻浮，没有饯别，没有关注。

我们就像这个世界，而这个世界有时既是不断变化着的，也是一成不变的，于是我们按照自己的方式行事，我行我素，四处游走。

不能够完成的梦想，依然坚持便好；不能坚持的梦想，时常默念在心便好。都市里的一味悲伤，永远都是最无力的表演。于是，我们有时会与城市暂时告别，把目光投向山野河川。

红石崖位于乌兰察布市卓资县红召乡官庄子村，地处阴山山脉大青山中部顶峰，属大青山抗日游击根据地的核心区域，西南距呼和浩特市50公里，南连红召九龙湾山水森林旅游区，西邻大青山革命烈士

97

陵园，东接红召宝华寺遗址和高峡平湖雷山水库。区域内有一座高约三十米，宽约二十米的天然石崖，远看为红褐色，因而得名。

"红石崖寺"，又名"金龟寺"，因其天然石崖形成似金龟造型，依山而立，陡峭峻险，造型别致，周边群山环抱，风景秀丽。据传建于清朝乾隆年间，迄今已有上百年历史，当时名为"红石崖庙"，传说是由一位黄姓道人和当地居民筹资而建，方圆百里之内的求医问药者无不灵验，故当地人称"黄大仙庙"，一度香火极为旺盛。"文化大革命"期间被毁，成为一片废墟，同遭劫难的还有红召"宝华寺"。长期以来，尽管寺院不复存在，但虔诚礼佛者仍络绎不绝。2001 年，由一位叫王先成的本地民营企业家发起并主持恢复重建，历经七年，于 2008 年完工，并由先前单一的道教场所演化成现今集佛、道两家并存的清净之地。

过红石崖寺而不入，缘寺外盘山公路向上，大约步行走上一两公里左右，就进入山顶上的高山牧场了。

一片青山之中，唯有此处裸露着一处呈玫瑰红色的山石，堆砌成峰。

远远地望着，是那么的醒目，确实让人感觉非常奇特，在一片顺着公路绵延而去的青青山势中，唯有此处的山石突兀而出。怪石嶙峋之中，

有的像迎风披甲的战将；有的像直插云霄的宝剑；还有的像奔突嘶鸣的战马，似乎上苍有意在此点化，又让人觉得不可思议。

峰顶的草坡上开满了碎碎的黄花，顺着上升的坡势铺展而去，一直到远处与云天相接的山林边缘，茵茵草色一片。能看到黑色的燕子在峰间盘旋，还有数只乌鸦，鸣声不断。

这里的植被覆盖良好，几乎看不到有大片裸露的土层，行进途中，会遇到一些纵深不过一两米的沟壑遗迹，如同绿茸茸的草毯上生出了一道道裂缝。

天然草甸牧场，位于群山之间，高原草甸如锦缎般铺展连绵，数不清的野花斑斓盛放，争妍斗艳，辽阔的草甸上散落着一棵棵低矮的松树，绵延的草场中，在树木掩映下，一只只牛羊若隐若现……

生命是一汪清澈的碧水，深浅都是生活，可代表着的却是两种截然不同的精神世界。也许我们的眼睛，会常常驻足和停留在树木那高高的枝头上，只能望着远方，数着辽阔的愿望，但我们可以将鸟儿的翅膀插在心上，在目光跳跃的每一寸风景里，留下曼妙的诗行。

生命最精彩的部分在于真实、坦诚。我们似乎总在期盼着，期盼着那些我们曾

经度过的岁月，不是时间的积累，而是灵魂在生命里的吟唱。

把身边的世界，用脚步去丈量，是一种思想的延伸和向往，把握住感动过自己的每一个瞬间，就会在纯净的生命里，流动过一次次最为清澈的涤荡。

户外小常识：草坡和碎石坡行进技巧

草坡和碎石坡是山间分布最广泛的一种地形。特别是在海拔3000米以下的山地，除了悬崖峭壁以外，几乎大都是草坡和碎石坡。攀登30°以下的山坡，可沿直线上升。身体稍向前倾，脚掌着地，两膝弯曲，两脚呈外八字形，迈步万勿过大过快。当坡度大于30°时，则较难用此法攀登。攀登此类岩石坡应采取"之"字形上升法。即按照"之"字形路线横上斜进。攀登时，腿稍曲，上体前倾，内侧脚尖向前，全脚掌着地，外侧脚尖稍向外撇。通过草坡时，注意不要乱抓树木和攀引草蔓，以免拔断使人摔倒。在碎石坡上行进，要特别注意脚要踏实，抬脚要轻，以免碎石滚动。在行进中不小心滑倒时，应立即面向山坡，张开两臂，伸直两腿（脚尖翘起），使身体重心尽量上移，以减低滑行速度。这样，就可设法在滑行中寻找攀引和支撑物。相反，千万不要面朝外坐，因为那样不但会滑得更快，而且在较陡的斜坡上还容易翻滚。

也许是我们太过忙碌，忽略了嘈杂的街市也会有清新的风景，又或许是我们在修炼的过程中，总是欠缺了一些什么重要的片段。或许，人生需要留白，残荷缺月也是一种美丽，粗茶淡饭也是一种幸福。生活原本就不是乞讨，所以无论日子过得多么窘迫，都要从容地走下去，不辜负一世韶光。

——林徽因

▶ ▶

石门沟的遐想

9

石门沟的遐想

　　人，有时候总会在不觉间对生命突然就有了一种回望。就像秋天缓缓摇曳着的想象，一阵风吹来，淡淡的心情就落满一地，多彩的，单一的，简单的，混沌的，不断地重叠，不断地规避，一层又一层，一叶又一叶，不忍拂去，又很难抹去。就任那流年的手轻轻搓洗，沉淀在岁月的褶皱里，窥视着远去，乞讨着记忆。带着某种欣然的希望，某种颓然的愁绪，一路停顿，一路又踟蹰而往，七彩归于黑白，晃过那些幸福或酸楚的画面，突然转淡，又渐起高潮，某些情景就会突然定格，清晰得就如一幅水墨云烟的画，一处勾勒成新月，一处泼墨成池蛙，有的却像存放了太久的老胶片，闪动着模糊的白光，一时晃动成天涯，一时翻滚成浪花。

　　户外最美的时节，便是金秋，每逢周末，青城周边的各个沟沟坎坎里，随处都会见到"驴友"行走的身影。

　　石门沟位于呼和浩特市和林格尔县境内，当地人把这里称作"石

门沟子",青城的大多数户外群对这里还不是十分熟悉。

深秋的石门沟,是含蓄而安静的,它的颜色不像二龙什台那样炫目,层次也不如赤洛泰那么丰富,但却有着不同于其他地方的内敛与内涵,宛若一幅旧时的画卷,让你在画面中寻找,回看……

秋天真的很美,树林被秋风和秋阳镶上了一片金黄,那些摇晃的、残留的叶子,回射着秋天太阳的冷光,让人顿起惆怅……

野生的蔷薇科的花儿,一丛又一丛,红艳如火。莫名的、色彩斑斓的浆果点缀在灌木丛中,闪耀着小火舌般的红光、不知名树木的辛辣气味，充满了鼻孔。浓密有刺的荆棘，<u>丛生遍地</u>。阴影处的枯黄衰草上，有些露珠还没有被太阳蒸发。树木高处的蜘蛛网，挂满了露水，闪烁着晶莹的光。

由于潮湿，走不到一会儿，鞋子就都被打湿了。呼吸中，有一种类似于阳光下花蕊浮尘那样的东西，这种味道，会带给我们以人生的可靠感，让我们感受到这个世界金子般的静谧。

能够生活在这无形的、柔暖的氤氲中，真的是一件非常幸福的事！万壑松声，急流清波，仿佛在一瞬间，我们曾经在童年时的那些美好影像，忽然全部奔来眼底。

想起那些青春年少的午后，一个人在静静的课桌上，任透进的阳光，在闪动的睫毛上，打磨着那些青涩懵懂的诗句，歪歪斜斜的文字，不小心间，却掉落在地上，弯下腰轻轻地捡拾着……黄昏后看着云留在了山口，一位诗人不忍心带走，就淡淡地挥了挥衣袖，成了张爱玲笔下那一丝淡淡的清愁，总是让曾经的我们，痴迷很久。

思维的闪动跳跃，画面的穿越更迭，飘飘忽忽地想起，那些年的那一位，隔壁班的女孩儿，现在变成了什么样子？

回忆抓了一把时光的沙粒在手，于是我们握紧了拳头，却早已流

　　深秋的石门沟，是含蓄而安静的，它的颜色不像二龙什台那样炫目，层次也不如赤洛泰那么丰富，但却有着不同于其他地方的内敛与内涵，宛若一幅旧时的画卷，让你在画面中寻找，回看……

失了太多太多，留住的，只有掌心里岁月刻下的道道掌纹。

回眸那些走过的风景，一些记忆总会在灯火阑珊的路口等你，和你悄然对视，它在读你，你在读它，相隔咫尺，却又远在千里。但记忆的背后，更多的是一种空旷得无所依附的寂寥，这种寂寥仅仅是回忆时的一种心境，犹如一捆绑扎的长绳，一头是我们曾经的前奏，一头是我们现在的以后，它会让你毫无防备，它会让你突然迷失，就像转角会遇到爱，回忆，也会遇到你。

我们都在路上行走，任性漂泊，推开窗，看见了万家灯火，我们看着别人，别人也在看着我们。

城市的房间里，我们放下背包，静静地擦洗着寂寞的外套，抚摸着时间的脉搏，心安的归处，我们都在向内寻找。

寻找，寻找，慢慢地一起变老……

一如当年，

停在半天的云，

和一张脸，

渐渐变红。

一如当天，

凝在江心的水，

和一双眼，

渐渐变冷。

一如过去的每一年，

秋凉铺向了每一条大街，

停在了每一个窗口，

缠住了每一根琴弦。

只是，

我已不是那条白裙的主人，

你也不是，

堤上看风的那个忧伤少年。

——扎西拉姆·多多《秋凉》

我们都要尽量靠近光亮，让心情温暖。

——几米

浪漫赤洛泰

10

　　金秋时节的赤洛泰，是一年四季中最美的季节。樟子松的绿、针叶松的橙、山楂树的红、稠李子的紫、白桦林的黄，色彩纷呈。人行其间，仿佛浸入一片五颜六色的海洋中，连思绪都是五彩的。

浪漫赤洛泰

重要的不是你认识多少人，而是在你离开后，别人会认为是个永远的损失；重要的不是你想念谁，而是爱你的人想念你。重要的是别人会记你多长时间，谁记着你，为什么记着你。过一种有意义的生活，不是一件偶然的事情。

浪漫，是一种心情。是自己，或是和亲人、爱人、朋友在一起的欢乐，每个人都有其独特的，属于自己浪漫个性的一面。

在这个世界上，浪漫是不分阶层的，你的快乐就是你的浪漫。

只要你的心中还存有一丝的童趣，就能找回你想要的美感。

赤洛泰大峡谷位于乌兰察布市凉城县西北部蛮汉山区域，距离呼和浩特六十余公里。这里森林茂密，怪石林立，峡谷内景色原始自然，两侧山峰林立，成片的白桦林、山杨树点缀在层层的松树林中，别有一番景象。

金秋时节的赤洛泰，是一年四季中最美的季节。樟子松的绿、针

叶松的橙、山楂树的红、稠李子的紫、白桦林的黄，色彩纷呈。人行其间，仿佛浸入一片五颜六色的海洋中，连思绪都是五彩的。赤洛泰的深秋，也是浪漫的，如伊人在水一方，将思念和爱恋写在飘落的叶片上，将一袭明净与澄清，写在季节的眸中，把安静和淡泊，浅浅地写在不知名的花瓣上。

行走和沐浴在赤洛泰深秋的暖阳之下，轻轻地依偎在秋的怀抱，用心来倾听，你会听到你的世界，在向你招手。你的心，会化作高峻的群山和激荡的流水，化为绚丽多彩的春天万物，化为浑然一体的秋天的旷野，化为我们的祖先纵横驰骋过的万里草原，你的心绪，也会随着这大自然的和声，一起荡漾。

一些人总爱追寻过去，不是为了什么，只是对自己的那一段流失的岁月，心存了丝丝缕缕的悔意。

其实，还有许多的路还在前面，谁的脚下也不会一直停留在时光的原处，路，总还是要继续向前走的。

不要过多地埋怨自己身边的一切，我们生在这个白与黑的轮回中，就是为了能在不同的境遇中，找到相同的境界，找到那一份真正属于自己的心情！所有的一切，在你的眼前都会转瞬即逝，许多的记忆，会在你的内心深处，或深或浅地刻下道道痕迹。

体味一份温暖与多情，揽一份闲适，放松心境；用一些欢喜，填充生活。在白杨树下，听秋风暗度的香，用一颗简单的心，在朝阳里写心念，在夕阳里唱晚歌，把能与秋水换色的心，化为绕指柔的情，还有所爱的人的名字，妥帖地安放在珍惜的口袋里，然后尽力把日子过得鲜活，告诉这个世界，我们来过，且认真着。

把每一天，都当作生命中最精彩的一天来活，且行，且歌……

让我轻轻地吻着你的脸，

擦干你伤心的眼泪，

让你知道在孤单的时候，

还有一个我陪着你。

让我轻轻地对着你歌唱，

像是吹在草原上的风，

只想静静听你呼吸，

紧紧拥抱你到天明。

路遥远我们一起走，

我要飞翔在你每个，

彩色的梦中陪着你，

不再让你孤单

……

赤洛泰行车路线：出了机场高速路，走河西路，从河西公司到黄合少镇政府，然后前行 500 米左右，会看到二龙什台景区的路牌，右拐直行下去，到南黄合少村门楼左拐，一直沿路走下去到二龙什台景区，过正门再往前走两公里就到了。

人生中出现的一切都无法拥有，只能经历。一切的得与失，隐与显，都是风景与风情。

——扎西拉姆·多多

11

▶ ▶

登高望远的猴山

　　每一次的攀爬穿越，就是一次整理和学习的过程，笃定、冷静，学习如何从慌乱中找到生机，是我们在每一次行走过程中都可以感受到的体验和收获。

登高望远的猴山

有一位无氧登山运动员，在一次攀登珠穆朗玛峰的挑战和尝试中，一路爬升到了 6400 米的高度，这个时候开始感到体力不支，于是停了下来，和队友打了个招呼，兀自下山去了。事后有人为他惋惜："为什么不再坚持一下，再继续攀上一点高度，就可以跨过 6500 米的登山死亡线啦。"他回答得很干脆，说："NO！我很清楚，6400 米的海拔，是我登山生涯的最高点，我一点都不感到遗憾。"

也许在这样的时候，我们才会认识到真正的自己，虽然此刻，我们也许错失了一个永远不会重来的机会，但是我们还可以这样说："不如就这样吧！我的人生，其实还不错；不如就这样吧！没有必要反复纠结，好好想想，还有哪里我尚未走过？"

你在别墅的阳台上赏花，我在建筑工地上翻砂，岁月的更迭转换，常常会带给我们许多命运中的巨大落差。

虽然有人说，任何事情都存在突破口，但不是每个人都能够找到并穿越过这些突破口，抵达并继续努力到更高的层次。因此，学会停止，悠然下山，拓宽生命的广度和宽度，充实人生的厚度和深度，更为重要。

猴山位于呼和浩特市郊区的保和少乡境内，因其山顶上有一座山峰，远望时形似一只巨大的石猴蹲坐，翘首远望，由此得名。山上景致原始自然，峰岭奇峻，高低错落，雄伟壮观，山梁和沟谷间长满了野生的沙棘丛和白桦树林。每一年的农历正月初六，青城的大多数户外群，都会选择这一天来猴山登高，寓意来年各项事业和生意都会大吉大利，节节升高。

"我终于相信，每一条走上来的路，都有它不得不那样跋涉的理由。每一条要走下去的路，都有它不得不那样选择的方向！"非常喜欢席慕蓉的这句话，人生总是这样经过，因为没有安排，所以每前进一步都是充满了不确定，却也让自己充满了好奇和渴望，也让我们不

　　我终于相信，每一条走上来的路，都有它不得不那样跋涉的理由。每一条要走下去的路，都有它不得不那样选择的方向！

放弃自己的努力，用心去迎接属于我们的快乐和忧伤，向着自己的目标义无反顾的靠近，只为了实现一个理想中的自己！

能够认真地做着自己喜欢的事情，当真是一件不可多得的幸福，一旦这样，我们就可以把一切令我们不安与恐惧的事情拒之门外，明知道自己，早已不可能还会像年少懵懂时，怀揣着远大理想和抱负去改造整个世界，又何苦一定要挣扎着去做拯救世界的"钢铁侠"。只要能够改变身边的一方小小天地，用认真的态度坚持不懈地去耕耘它，便是肉眼凡胎如你我的一切芸芸众生存在的理由，自信的源泉和坚定的依持。

生活需要我们努力，偶然邂逅到的运气和机遇，只会给我们带来更多的侥幸和窃喜，而带给我们激情的，却总是这个让我们难以知道结果的过程。

就像我们户外攀登过的每一座山，每一次的攀爬穿越，就是一次整理和学习的过程，笃定、冷静，学习如何从慌乱中找到生机，是我们在每一次行走过程中都可以感受到的体验和收获，而学会适可而止，

却不是每个人都可以欣然理解和坦然接受的。

或许，苏轼的《定风坡》，会让我们更明白一些：

莫听穿林打叶声，

何妨吟啸且徐行。

竹杖芒鞋轻胜马，

谁怕？

一蓑烟雨任平生。

料峭春风吹酒醒，

微冷，

山头斜照却相迎。

回首向来萧瑟处，

归去，

也无风雨也无晴。

户外小提示：学会放弃，适可而止。

有些"驴子"曾因为参加百公里的行走走得太狠了，后来只能淡出江湖。个人建议：如果你的关节或者以前的旧伤向你发出警告时，请珍惜自己的身体，理智的学会放弃。记住：身体是你自己的，走完一次百公里又怎样？有谁会真正在意你是否完成了百公里。

每个人都可以自由地表达、充分地表达，写意地或者写实地表达，但是永远不要试图告诉其他人，世界就是什么样子的，或者教导别人应该如何观看世界，更加永远不要期待别人刚好观看到了你看到的世界。

——扎西拉姆·多多

12

▶ ▶ ▶

红道巷的序言

　　也许我们只是一粒尘埃，对于莫大的世界来说，我们只是微不足道的单一个体。可是对于我们自己来说，我们就是自己的整个世界。

红道巷的序言

　　"朋友们！大家好，我是序言，序言是介绍或评述一部著作或一篇文章的文字，人生亦如此，我们每走一步，都在填充着序言的内容，既是开始，也是结束，所以走好脚下每一步，人生才能完美，序言才会精彩。认识大家很高兴，期待红道巷同行能更开心！春暖花开，我们一同户外，期待你来，你来或不来，大山都在这里等你；你愿或不愿，林间小溪都在这里恋你。一个人走得快，一群人才能行得远。我希望在座的朋友们。趁人未老，景还在，来得及的时间，愿意的时候，不是在户外就是在去户外的路上，走出去才能健身养心，待在家，怄气、喝酒、打麻将，只能为失去健康付出代价，户外很美，因为有山，有水，最重要的，是有花，有你……"

　　这是一位网名叫作"序言"女孩子，在户外途中的大巴车上，在"驴友"的互动时间里作的自我介绍词，我觉得很有意思，也很精彩，于是便抄录了下来。我想，这段话，在很大程度上，道出了大多数热

天空中飞翔的燕子说：：我向往素洁的雪，只是不希望像它那样冰冷。：

133

爱户外运动的"驴友"的心声。

红道巷距离呼和浩特市 65 公里，属于乌兰察布市境内，地处于九龙湾景区范围以内。山高林密，溪流清澈，野生动植物丰富。

不过，这里最令人流连的季节，是在冬季，是被皑皑白雪覆盖着的山野和林间。

天空中飞翔的燕子说："我向往素洁的雪，只是不希望像它那样冰冷。"

我看到了它流连的影子，是那样的不舍，带着意犹未尽的怅惘，带着伤别离的泪痕。也许是在城市里漂泊的太久，麻木的奔跑成了一种向前的姿

势，终于发现生活中的许多事物竟然都是或多或少的残缺不全，似乎从来都未曾完整过。或许这世上大多美好的事物，都有着不可思议的瑕疵，而且因为这不完美的瑕疵，我们常常会锁住了自己的心灵。

在红道巷的坡顶上，当我们冒冒失失地爬上那座由角钢焊接起来的高高的瞭望台上，四处望去，你可曾有那么一个片刻，感到双腿发软，身体虚弱？可有几许寂寞，不知该向谁人诉说？可有瞬间的动摇，感觉到自己的孤独有多真切？可有刹那的感动，连自己也不免怀疑是否真的曾经发生过？

笛卡尔说：我思故我在。

我们每个人都在行走，不过是形式不同，我们在行走的过程中，把自己曾经书写过的生命序言一再拉长，拉长到忘记了出发的时间，忘记了出发的地点。于是我们在行走中努力回溯，去搜寻那些童稚可亲的记忆，去找回岁月年华留下的影子。

你在春夏的暖阳里，带上自己的家人远足踏青；我在冬天里的雪地里，倾听着"咯吱、咯吱"的足音。生命中的那些年华、那些烦琐，到底是不能承受之重？还是不能承受之轻？生活的盖世武功，谁又能修炼到至高境界的第几层？

佛说：诸法无人，一切众生都只是随缘而起幻相。

也许我们只是一粒尘埃，对于莫大的世界来说，我们只是微不足道的单一个体。可是对于我们自己来说，我们就是自己的整个世界。地球离了谁都照样旋转，但是只有你看见的世界，才是对你有意义的存在，你之所以看到，是因为你想看到，你之所以难忘，是因为你想要记住！

生活的序言里，我们并不奢求会有太多的鲜花和掌声。

我们更喜欢在户外阳光灿烂的日子里，苏醒着心事，在每一片盎然的绿叶下，都点缀着欢快的笑声。

很多时候，一个人的存在，会改变周围的一片风景，这样的人与这样的时刻，让我们即便觉得旅途中有很多的劳顿和辛苦，也都值得。

户外小知识：长距离徒步要做好哪些准备？

长距离徒步指的是一两天之内进行较长距离的徒步活动，如12小时徒步60公里、24小时徒步100公里等活动。这样的活动对参与者是有着一定强度和耐力的要求的，所以做好前期准备工作是很有必要的。

首先要做好体能准备：了解自己的体能极限和身体状况，并提前适度拉练以作准备。

其次是要了解线路：了解各路段距离、路况。是水泥路、青石路还是硬土路？哪些地点要注意交通安全？哪些地方有物资补给？充分了解了这些对整个行程才能有比较合理的安排。

还有就是装备物资尽可能精简：鞋子（根据线路情况，推荐徒步鞋或运动鞋）、服装（速干透气）、便携饮食（推荐重量较轻的能量棒、巧克力、牛肉干和运动型功能饮料等）、背包、线路资料、急救药品都属于装备必需物资。常用药品、备用鞋子和雨具（视天气情况）等可以根据需要作为可选装备。

前走的感觉。

的日子里，牵起一双温暖的手，踏实地向

我一直在寻找那种感觉，那种在寒冷

——三毛

▶ ▶

13

库布其沙漠的跨时空链接

　　一百个到过沙漠的人，也许会有一百种不同的感受，但唯一相同的是一种说不清道不明的沙漠情怀。

库布其沙漠的跨时空链接

　　耳边一曲《橄榄树》，手中一本《哭泣的骆驼》，撒哈拉沙漠灼热的风扑面而来，这一切让我恍如梦中，那个叫三毛的女子，嘴边挂着沧桑的笑容，缓缓向我走来……

　　一百个到过沙漠的人，也许会有一百种不同的感受，但唯一相同的是一种说不清道不明的沙漠情怀。

　　库布其沙漠是我国八大沙漠之一，曾被称为不可治理的沙漠，被定为地球的癌症。在库布其沙漠的边缘，逶迤蜿蜒而来的黄河呈无比巨大的"几"字形，宛如弓背，迤逦而去的茫茫大漠酷似一束弓弦。蒙古语中的"库布其"，意思就是弓上的弦，其弓就是指弯曲的黄河。库布其沙漠大漠浩瀚，长河如带，如诗如画的新月形沙丘链、罕见的垄沙和蜂窝状的连片沙丘，都是原汁原味的大漠风光。

　　库布其沙漠自西向东漫漫而来，在响沙湾收住了它那凶猛的势头，响沙湾是我国西部沙漠向东延伸的尽头，因此，响沙湾也就有了"大漠龙头"之说。

因为这里的沙子会自然地发出声响，故而此地便得名为"响沙湾。"在我国有甘肃敦煌的鸣沙山、宁夏的沙坡头、新疆巴里的鸣沙山和这里的响沙湾四大鸣沙，而响沙湾是为我国"四大鸣沙"之首。在响沙湾，当游人静卧沙上之时，风动沙移，沙鸣声如泣如诉，如萧如笛，凄婉低回；当游人做滑沙运动时，沙粒随之翻卷滚动，相互摩擦，声波共振，沙鸣声如同飞机从头顶掠过，隆隆作响。

置身于沙漠中，我们总会产生一种时光的凝滞感，一种精神世界与暮霭沉沉的宿命感。而在沙漠里进行穿越和行走，我们更是有着一种看不到尽头的无望感，和一种抵达终点后的强烈解脱感。沙漠一直平静，无所谓谁来或是谁走，也无所谓崩溃还是挣扎，沙漠依然故我，所有深深浅浅的足印，一阵风吹过，便没有了任何的痕迹。

于是想起三毛，想起曾经那个满怀情感，总想流浪的年代，我们心中始终装着的那个沧桑感的三毛，为她痴迷，为她倾倒，也曾努力寻找着相似的影子。现在想起来，虽然痴迷的有些可笑，但心中挥之不去的，仍然是三毛的一颦一笑。

二十世纪七八十年代，华人世界里最具影响力的女性作家有三个人：琼瑶、席慕蓉、三毛。前两个幸福的生活到现在，而三毛，则在她人生最辉煌的时候，悄然逝去。

三毛的一生都在流浪中度过，有着令人称羡的传奇般的经历。个人以为，在某种程度上，三毛可以称得上是自助旅游的"驴友界"前辈了。小时候的三毛有着严重的自闭症，学习成绩除了语文外都很糟糕。初二时，三毛便在家休学。在《蓦然回首》的散文中，三毛说："我的天地，只是那幢日式的房子、父亲、母亲、放学时归来的姐弟。向街的大门是没有意义的，对我，街上没有可走的路。"就连吃饭也是单独在自己的房间里吃，这样自闭的日子持续了三年。后来，三毛跟着一位名画家学画才走出了自闭的境地。但正是少年时期的这段经历，使得后来的三毛远渡重洋，先后就读于西班牙、德国、美国的大学。流浪后的三毛突然发觉生活原来是那么的美好，在和荷西结婚后，她写出了

《撒哈拉沙漠的故事》《哭泣的骆驼》，轰动了当时的整个华人世界。

流浪成就了三毛。那个广为人知的《橄榄树》就是三毛这个时期写就的。

纵观三毛的一生，三毛身上有一种悲剧的美，而正是这样的悲剧

沙漠一直平静，无所谓谁来或是谁走，也无所谓崩溃还是挣扎，沙漠依然故我，所有深深浅浅的足印，一阵风吹过，便没有了任何的痕迹。

美，才令那么多少男少女为之倾倒，为之疯狂。三毛说："爱情有若佛家的禅，不可说，不可说，一说就错。"三毛的一生经历了两次轰轰烈烈的爱情：一次是在西班牙拒绝了荷西的追求后，她回到台湾教书，狂热地喜欢上了一个大她二十岁的德国籍男子，正当两人谈婚论嫁时，未婚夫却因心脏病突发而死；一次是三毛在伤痛之余回到西班牙后，又遇到了荷西，两人在西属撒哈拉沙漠结婚，过着幸福的生活。可不想六年后，荷西在一次潜水中意外丧生。婚姻的打击，使得三毛一度丧失了生活的勇气，而就在这段时间里，她的《梦里花落知多少》和《背影》曾迷倒了多少少男少女，可以说，这段时间是三毛创作的巅峰期。只有经历过艰辛的女人才能写出这么伤感的文章，这就是一种悲剧所产生的美。而最终，当三毛回到台湾不再流浪时，她失去了生活的方向，在她48岁时自杀而死，这同样也是一种悲剧美。顺便说一句，三毛喜欢写悲剧，她的自杀同样造成了一种悲剧美。

其实写作只是三毛生活中很小的一部分，三毛只想当个家庭主妇，为心爱的人洗衣做饭，在和荷西生活的六年里，三毛说："和荷西在一起的六年，是神给了我六年了不起的日子。"她是个感情丰富的女人，喜欢追求幻影，喜欢浪漫。台湾一位教授说她："是个令人费解、拔俗的、谈吐超现实的、奇怪的女孩。"三毛是一个谜，是一个传奇，一首诗，

让人回味，让人惊叹。

"我已经别无所求，只想跟你漫步天国，带上一些朋友，去一个没有地图的乐土，灯火已逝，唯有黑暗听我倾诉。"这是第69届奥斯卡颁奖礼上独揽九项大奖的影片《英国病人》里面女主角写下的绝笔……

我想，我永远会记取那些梦幻般的片断，还有年少时玫瑰花般的梦幻和憧憬。直到有一天，它们融化成泛黄的默片，无论是华丽的全画幅，或是黑白的八毫米，都依稀隐约着卡萨布兰卡；隐约着撒哈拉；隐约着悠长辽远的驼铃声声，还有那渐渐远去的漫漫黄沙……

户外小常识：长距离徒步怎样选择鞋子，预防水泡

长距离徒步最好轮换使用两双不同质地、不同鞋垫的徒步鞋或运动鞋。大一号的在尾段时穿着会较为舒适。登山鞋重，鞋底硬，公路长距离徒步不宜选择登山鞋。长距离平地穿越，很容易造成脚掌的极度疲劳，如果配备两双不同质地、不同鞋垫的鞋（如轻便跑鞋、徒步鞋、运动鞋），每隔一小时换鞋行走，并经常改变行走方式（行走、小跑结合），轮换脚掌受力点，整个脚掌受力更均匀，并调动腿部更多的肌肉群参与运动，可减缓疲劳和疼痛，可以徒步更远的路。另外穿好鞋后鞋带一定要系紧，使鞋子包脚良好。鞋底较薄时可以加多一双鞋垫或穿厚一点的袜子。一般穿底厚有弹性的运动鞋较好，登山鞋较重，底硬，走久了易起水泡。很多人走不完百公里的主要原因是鞋子没有选好，脚上起了水泡而最终放弃。穿上厚的干爽袜子，可以减少脚与鞋底的摩擦，减少起水泡的机会。所以厚而干爽的袜子，要有备用，路上多换几次，能够保持足部干爽，预防水泡。

因为了解到世界的广大与多元，并觉知到自我的局限与狭隘，所以允许自己不懂得他人，也允许他人不懂得自己。所以不试图凌驾他人的意志，也不轻易投身于他人制定的评价体系。这大概就是最自由的孤独，最温柔的叛逆。你将在你身边营造出一个求同存异、和而不同的小世界，宁静而淡泊。

——扎西拉姆·多多

梅力更召的辽远梵音

14

梅力更召的辽远梵音

领略过颇具气势的梅力更大瀑布，欣赏过梅力更沟"远山无默千秋画，近水无弦万古琴，抚琴入画来仙境，振衣绝顶再登临"的秀丽风景之后，漫步在梅力更召，看庭前古树葱郁，左右白塔对称立于庭前，天空湛蓝，当蒙古语诵经的声音从这空旷的山间传出时，听起来让人尤为平和静心。

梅力更召位于包头市梅力更山山脚下，四周环境幽雅，召庙整体依地势而建，和周遭环境巧妙地融为一体，让人远远望去就会心生奇想。

据说，这里是世界上唯一一座用蒙古语诵经的召庙。走进梅力更召，你才发现它所带给你的，不仅仅只是感官上的享受，这里，还有历史与文化的积淀。高墙之内路阔庭深，张望间，走几步，身体便触到了从四面八方涌来的若重若轻的肃穆气氛，还有一点学生在课堂上的紧张之感。在梅力更召这个展现了如海般深厚的佛学和智慧的召庙里漫步，有一种清净与逍遥的感觉始终陪伴左右。

在柔和的阳光下，僧侣们从容地走过寺院，看着看着，不由得生出几许豁达。"昌梵寺"（康熙年间题字）几个大字便在香烟缭绕间悄然浮现。没有别的寺庙如织的游人和袅袅的烟火，却不减庄严与肃穆。告别了市井之声的打扰，让人有恍若隔世般的安宁。历史与现实，宗教与人生，刹那间交织在一起。

相比于世俗生活，僧侣的生活更加简朴、单纯，他们通过侍奉神佛、普度众生，成功地转移了注意力，用更精神化的生存需求和满足方式，替换了一部分需要用物质才能实现的生活。他们抛弃了现代人锦衣玉食的生活，毅然削发为僧，便注定了与梅力更召的一段因果。他们悄然来到这片灵秀的山间，藏存了普度众生的宏愿。他们在这里悠然自得、从容不迫。他们成功地在佛门中，在神与人之间，找到了属于自己的位置，守护着平淡整齐的寺庙。

站在梅力更召那青烟缭绕的山门前，不由得去猜测，是这山的清净为这寺蕴生了灵性，还是这寺为这山平添了几许禅意。其实，山与寺从来都是不可分割的一体，将尘俗之中的你我引荐给清净与灵气。

忽然想起仓央嘉措，同那召庙中传出的辽远梵音，一并翻开了心灵的遐想。散漫的行走，单纯的心情，又一次触到内心深处的殿堂。还是那样清新如风；还是那样皎洁如月；还是那样繁茂如春……

卷土重来的，是那一生的倾情与眷顾，越吹越薄的风，越飘越淡的烟，怀抱着隐秘的疼痛与忧伤，沉静的时刻，那只斑斓的彩蝶在那远眺的目光里旋舞，轻轻地来去，衣袂飘飘。

浮世红尘的表面，未知的生命旅途，在时光车轮的碾压下，屈曲、

155

心语，心愿，在春日的丰盈里悄然绽放，如馥郁清新的花香，氤氲盘桓，久久
不肯逸去，没有彷徨没有怅落，岑寂处满心芳醇，皆是你的清新雅致……

延伸。仍是那心灵深处的歌，纤尘不染，那歌声苍凉高亢，悠扬嘹亮，如歌的行板，是否在那秀美的容颜里泛起涟漪，微微荡漾。虔诚的脚步执着地迈进，雪域高原上的吟唱，弥散着明净而纯粹的忧伤，穿越冬日的蛱蝶，在宁静的春日里怀想，你的目光柔和温暖，是否还将引领我泅渡人生的迷茫与岁月的苍凉。

古陌荒阡，沧桑如斯，岁月或疾或徐雕琢着旷远迷茫的尘世，却不能改变我心灵的纯净与安恬。想念如你温情脉脉的手，轻拂我历经风霜的脸。心的羽翼在缄默中遥遥地守望，你的目光划出舒缓柔和的弧线，若七彩幻变的蝶羽，明亮我悠然跌宕的魂魄。梵音天籁，绝响幽冥，絮语如织，我在意念的交融里，温情而悠远，萦回而纠结……

流光可以带走我的生命，却不能带走我深沉的记忆与悠长的往事。神秘的消逝已不为人知，前行，不断地前行，将是我生命化为另一种生命的形式。心语，心愿，在春日的丰盈里悄然绽放，如馥郁清新的花香，氤氲盘桓，久久不肯逸去，没有彷徨没有怅落，岑寂处满心芳醇，皆是你的清新雅致……

心颤容动，想着念着，一切宛然如初，触手可及，而我甘愿降服

在你的明眸里，漫淡轻掠，任你俘获……

我的痴语，你的翩翩，彼此的默契，在四月的春光里，蓬勃生长……

不经意间发现世界的一个角落，还是你内心里一直期望的那般清新，久违了的像浮云一样柔软的幸福感，慢慢浮现，直上天庭。

你像一尊古佛，

与岁月无争。

我左右奔突而来，

我上下求索而来，

一见你，

便觉释然了。

如二月的料峭轻寒，

有了炉香氤氲。

159

生命是一汪清澈的碧水，深浅都是生活，可代表的，却是两种截然不同的精神世界

寂静苏市山

15

寂静苏木山

匆匆忙忙的城市生活，会给你万千诱惑，也会令你怅然若失。或许在一个忙碌的午后，偶尔伫立在落地窗前，看到窗玻璃上那模糊的倒影，也许会忽然让你看清，什么才是真正的自己？什么才是你想要的生活？还有多少应该放下的事情没有放下？还有多少令人欣喜的自然美景未曾亲身体验？

我们都是过着两极之间的生活，无所谓挣扎，无所谓摇摆；该留下的时候留下，该离开的时候离开。既不属于这里，也不属于那里。我们大多数人在生活中都曾刻意地让自己成为一个旁观者，其实刻不刻意真的无所谓，这里不属于我，那里也不属于我，我们每个人的一生，不都是借来的一程。

苏木山坐落在兴和县大南山深处的苏木山旅游区，位于晋冀蒙三省交界处，素有"鸡鸣闻三省"的美誉。苏木山东距北京市 240 公里，西距呼和浩特市 220 公里，南距山西省大同市 150 公里、河北省张家

　　草木间有许多不知名的小花，在透过林间的斑驳阳光下盛开绽放，山中沟谷幽深静谧，偶尔几声鸟鸣，显得朦胧而神秘。

口市 100 公里。苏木山属阴山之尾，南北长 7.2 公里，东西宽 6.8 公里，总面积 3332.7 公顷。景区平均海拔为 1800 米，最高点黄石崖海拔 2334.7 米，是乌兰察布市的最高点，又被称为乌兰察布市的"珠穆朗玛峰"。这里以其险峻的山势，茂密的森林，纷呈的花卉以及浓郁的民族风情，吸引着越来越多的贪享自然之美的旅行者，归者无不为其绝、其美所折服！

我的运气似乎不是很好，去过的两次，都是在夏天，夏天的苏木山，是山里色彩最为单一的季节。既没有欣赏到秋天的绚丽多彩，也没有体验到冬天的雪舞妖娆，不免有些遗憾。

　　沿盘山步道向上，高高的树冠遮天蔽日，阳光下的燥热瞬间无形，每有长风吹过，路边的林海中便有绿色的波澜欢快奔流、激荡澎湃。偶遇有林雾的地方，刚才还看见的薄如蝉翼，迅即间便集聚、弥漫，淹没了密实的林木。还能看见路边的松枝上有雾珠凝结，晶莹剔透，颤颤欲滴。风吹来，林雾散去，如柱的阳光穿透林间。草木间有许多不知名的小花，在透过林间的斑驳阳光下盛开绽放，山中沟谷幽深静谧，偶尔几声鸟鸣，显得朦胧而神秘。

　　步道两边有溪流顺山势向下流淌，高低错落地形成一些小的瀑布，流水下坠时宛若飞珠捣玉，银沫翻涌，在一些地势平缓处受到阻隔，

积成几处小小的浅水潭，这些小水潭水质清澈，触手清凉，可以很清楚地看到水底生长着一丛丛、一簇簇墨绿色的苔藓和其他水生植物，随波荡漾。

沿步道快到山顶的位置，有一条专供游人观光的索道，旁边有一座瞭望台，站在瞭望台的边缘，手扶护栏，远远看去，放眼皆绿，四周群山环抱，林木莽莽苍苍，植物非常茂密。

继续向上，登上黄石崖顶，崖顶上平缓开阔，四处散落着许多巨大岩石，有的聚在一起，有的兀然伫立，也不知是哪一纪地质结构发生变化之后的残留和遗迹。不过攀上巨岩，摆个POSS，留个影像，还是很有些"一览众山小"的味道。

苏木山留给我最为深刻的印象，便是来自于深谷沟壑和草木林间的寂静，宛若空山禅语般的静谧，尽管我真的没办法写出一篇能够让人身临其境的游记，来炫耀自己与这寂静空灵之地的邂逅和相遇，但是，它仍然让我想要再次与之重逢。

曾看到过一位哲人讲的故事：

一个旅人在路旁看到许多盛开的鲜花，他一边走一边采。沿途的花一朵比一朵大，一朵比一朵美，一朵比一朵香，到黄昏的时候，将

近旅程的终点，他看到一朵巨大的奇异的花，在暮色中散发着沁人心脾的芬芳。他喜出望外，抛掉了手中的花，奔跑过去，但他的脚步却因跋涉的疲劳而显得有些沉重。当他终于赶到了那朵花的面前的时，那朵花已经枯萎了，他绝望地握住花梗，手一摇动，花瓣便一片一片地掉了下来。

于是，有人为旅人感叹，如果他不留恋那些小花，大踏步地一直向前走，就可能得到那朵奇异的花。我却不以为然，就算他得到了那朵令他喜出望外的奇异的花，当他回眸时，也会以同样的心情，遗憾那些被自己错过的，那么多芬芳的无名小花。也许，就在这不起眼的无名小花丛中，会有一朵让他心驰神往；让他感慨不已；更让他喜极而泣……

有时候人生是一个遗憾的过程，正因为有了无数个遗憾，我们的人生才变得如此精彩，如此美丽。稍不经意的一次回眸，那满眼的往事中，最令人难忘和记忆犹新的，注定是那些曾经有过的些许遗憾。就像我们常常忘记了夏日畅快的沐浴清凉，却只记住了烈日炎炎下的酷热难当；忘记了冬季树挂上的雪絮晶莹，却只记住了瑟瑟寒风里的冷酷无情。

每一个遗憾，留给我们的都是凝重的思索；每一个遗憾，带给我们的总是流年的感动。

最重要的，是不要因为一次次遗憾，而忘却了我们当初坚定不移的风雨兼程……

户外小提示：刚刚参加户外运动的零基础"驴友"，在选择随队出行时，一定要在网上或者其他渠道，对该团队的专业水准和领队资质有一个大致的评估，切记：不要跟随只有豪言壮语的"勇士"领队出行。因为，不是穿上冲锋衣的人，就是"强驴"！

追寻快乐的人们，若能停下短短的一分钟，并想一想，便会察觉，他们真正体验到的快乐，像自己脚边的小草，或是早晨花朵上的露珠，数也数不清。

——海伦·凯勒

不再抑郁的桦林沟

16

不再抑郁的桦林沟

约翰·列侬在一首歌中唱到："Imagineallpeople,Livingfortoday"（我梦想，所有的人，活在当下）。

如何对抗孤独，抑郁、无助和低落？每个人都必须给出自己的答案。于是，我们当中的一些人，希冀从户外运动中可以找到慰藉。

在天寒地冻的北欧，一年之中有好几个"极夜"，被阴暗长期包围的北欧人，比我们更容易换上抑郁症。他们有两种应对方法，一种方法是发明了"光照治疗室"，就是一种墙面、地面和天花板全白的小屋子，高亮度的灯光把里面照得彻夜通明，在里面待上几天，因为光照不足而抑郁的患者就会多少有些好转；另外一种方法就是去热带地方去度假。不过我想，最好的方法，莫过于保持一种对于生活的兴致，保持对"美好生活正能量"的憧憬和期待，也许，会是一种更为合理的减压方式。

严冬，每一年都会来，是选择期待在银装素裹的晶莹世界里微笑

175

赏雪，还是选择在寒风凛冽的萧瑟世界里颤抖哀怨？

或许生活，就是因为这些选择和期待，才会有所不同。

哈达门高山牧场位于大青山北麓，也叫作"黑大门"，不过呼和浩特市户外"驴友圈"里更多的把它叫作"桦林沟"。这里广阔的林海郁郁葱葱，景观层次分明，如诗如画。登顶观景台，不论是清晨还是傍晚，都可以领略瞭目山的雄伟与壮观，通向桦林沟底的888级台阶，全长1.2公里，犹如一条哈达飘绕。沿阶而下，可饱览青山之胜景。下阶梯向南行，是一道深邃长达数公里的瀑布沟，沟的两边林木葱郁，峰峦叠嶂，沟底有一条山脉，高低错落，逶迤而行，在郁郁葱葱的山势掩映下，不见首尾，像是一条巨龙，就藏匿在这深山峡谷之中。

在这里，就是最疲惫的登山者，看到此美景，都可以从中找到一份心灵的回归，定会让你感叹不虚此行。

抬头仰望澄碧湛蓝的天空，感觉到的距离，是那样的近。洁白的云朵，仿佛是谁随意挂在那里，一动不动，扑鼻而来的，尽是阳光、泥土与青草的甜香，合上双眼，将那甜香轻轻地融进呼吸……那气味竟是如此的芬芳，如此熟悉，仿佛母亲的手，温柔地抚过你的面颊，令你瞬间窒息。忽然一阵山风卷起，睁眼看时，碧草如浪翻涌，绚丽花海汹涌起伏，落英缤纷，像绚彩的香风在高山的原野上飘扬，就连

空中袭来的冷风亦显得格外清冽，令人尘心大涤，心境澄明，呼吸到的，仿佛都是欢乐的气息……

悄然间夕阳徐徐没入西山，柔和却不失鲜艳，像是一颗灿烂的红宝石嵌在西面的天空。红日之处，天空中自西向东彩霞满天，像夜晚的霓虹丽景。

淡然地欣赏着这天地间美丽的一瞬，似乎从来没有注意过这幅超出灵魂的画面，也从来没有这么认真地看过天空。在这恬淡与安详之间，不由得心底泛起阵阵的涟漪，如同感受着一支悠然的乐曲般撼动

着魂魄。

记得在一篇杂文上看到这样一段话："天空即使没有人感谢，还是永远留在那里。尽管没有做什么了不起的事，而我们所做的也是那么的微不足道，但我们仍然想看着天空。为了记住它，为了不再迷茫。"

这几句话其实并没有什么新奇之处，之所以记住，是因为它的真实。很多人，很多事，都不会因为谁而存在，就如同时间不会因为谁而停留一般的绝对。每一个人都在做着平凡的事，而支撑着完成这些事的精神之源，就是不想让自己迷失在自己的天空里，不想忘记自己曾经拥有的天空。这就是生活，而生活，就是一种在多元与参与的洗礼中，去寻求大脑与四肢最终平衡的过程。

　　户外小常识：户外行进中怎样避免迷路

　　在山地行进，容易迷失方向，为了避免迷路，节省体力，提高穿行速度，应本着有道路不穿林翻山，不走小路走大道。如实在没有道路，可选择在纵向的山梁、山脊、山腰、河流小溪边缘，以及树高、林稀、空陈大、草丛低疏的地形上前行。不要走纵深大的深沟峡谷和草丛繁茂、藤竹交织的地方，正所谓走梁不走沟，走纵不走横。此外行进时将步幅加大，三步并作两步走，几十公里下来，就可以少迈许多步，节省许多体力。而当疲劳时，应放松慢行当作休息，而不要停下来，站立一分钟，慢行就可以走出几十米。还有就是在集体行走的过程中，一定要保持和队伍在一起，还要特别留意周边环境、沿途特殊的标志物，有条件的话可以在行进途中做一些标记，最好是经常回回头，看看来时路，这些都是方便自己找回正确道路的最好方法。

把脸一直向着阳光，这样就不会看到阴影

——海伦·凯勒

17

▶ ▶ ▶
期待环保的九龙湾

期待环保的九龙湾

有太多人只看到事情和世界的一角就开始抱怨，不过也有一些人看遍了无数个黑暗的角落仍然觉得这个世界还不错。而且能改变一个角落的黑暗这种事情，这种期待，反而让他们充满了动力。恰到好处的阴影，会让阳光显得更加灿烂和温暖，就好像生活中，一半儿的幸福感要归功于一些负面的影响和体验。

九龙湾位于内蒙古自治区乌兰察布市卓资县西北部，在旗下营镇和红如乡境内，南距京包铁路仅 6 公里，西距呼和浩特市 30 公里，东距集宁区 110 公里，九龙湾蜿蜒曲折，自然状态宛如九条龙横卧在大青山间而得名。

九龙湾的自然景致美不胜收，峰岭俊秀，怪石峥嵘，沟壑涧谷之间，山泉淙淙，尤其是入口处的龙潭泉，一道瀑布在上，一泓碧水在下，中间飞珠溅玉，在阳光的映射下，异彩纷呈，水光潋滟。

湾内奇石绿树、夏风轻阳、鲜花彩蝶、溪流鸟鸣、沟壑蓝天、青

183

草白云，周遭环绕着茂盛的湿地和起伏的草原坡地，有树木繁盛郁郁葱葱的山冈，有奔流不息四方流转的潺潺溪流。沙地金滩、碧水清泓、草原湿地、绿丘青谷、茂树繁花。蓝天白云倒映在水中，构成了一幅绚丽多姿的画卷，仿佛弹动着这一川亘古不变的韵律。

更有原始森林、奇树异木比比皆是，其态或伟岸或怪异，或蔓条婆娑或枝干缠绕。野生动物可望而不可即，时而一曲啼鸣，时而一露头角，转眼便已无影无踪。而尤逢金秋时节，站在沟口远眺，漫山的枫叶披红、山峦尽染，沟底潺潺溪水波光彤彤，景色壮观，无人不惊叹叫绝。

近年来，随着各个户外群的频频光顾，口口相传，这里也成了许多"自驾一族"的小型群体和家庭自驾出游比较集中的区域，相对于"除了照片，什么都不带走；除了脚印，什么都不留下"的户外环保理念，大多数户外群还是相对自觉的，但是对于小型的群体和零散的观光客们来说，这样的自觉性就比较差一些，除了照片和脚印，还留下了许多不可降解的垃圾，在这秀美的景致里添加了许多不和谐的音符。

于是，许多"驴友"回到家里，在网上一边晒着自己快乐的户外影像，一边极富正义感地在网上批评和"吐槽"这些随处可见的陋习，语言犀利，词汇饱满。似乎由于自己坚持了一点点环保原则，便已拥有了话语权和评判权，从而自我感觉良好。

成熟的"老驴"，都懂得磨炼自己的主见和观点，面对自己时诚实点儿，面对世界时客观些，这样会比较开心。很多"吐槽"，其实只是因为寂寞，这和婴儿的啼哭声，区别不大。在这个信息网络似乎覆盖了世界上每一个角落的时代，我们貌似了解这个世界的全部，又好像对它一无所知，乌云之上永远都有阳光，真相之外总还有更多的真相，如果你问我，我为什么热爱户外？我会告诉你：因为户外像一个好老师，只摆事实，从不讲大道理，也从不"贴标签"。

因为户外出行，有时也有其抚慰人心的玄妙力量，而这力量，有时候也来自于让你有机会，能够伸出双手，做一些有意义的事情。青城户外的一些比较成熟的户外群，在每隔一段户外活动之后，都会有针对性的组织一次带有环保性质的公益户外活动，主题也很明确，就是在自己走过的地方捡拾垃圾，安安静静、实实在在地做一次不"贴标签"的公益行走。让生活回归客观，让抱怨回归理智；少一些批评，少一些成见，不再过多的沉溺于各种喧闹的"吐槽"里面。

户外小常识：户外运动的环保原则

不乱扔垃圾，垃圾自行处理，随身携带至垃圾投放处丢掷；不攀折花草树木；尽量少使用一次性用品，如一次性筷子、饭盒、水杯等。如遇有违背环保行为的同行者，请温言劝止。

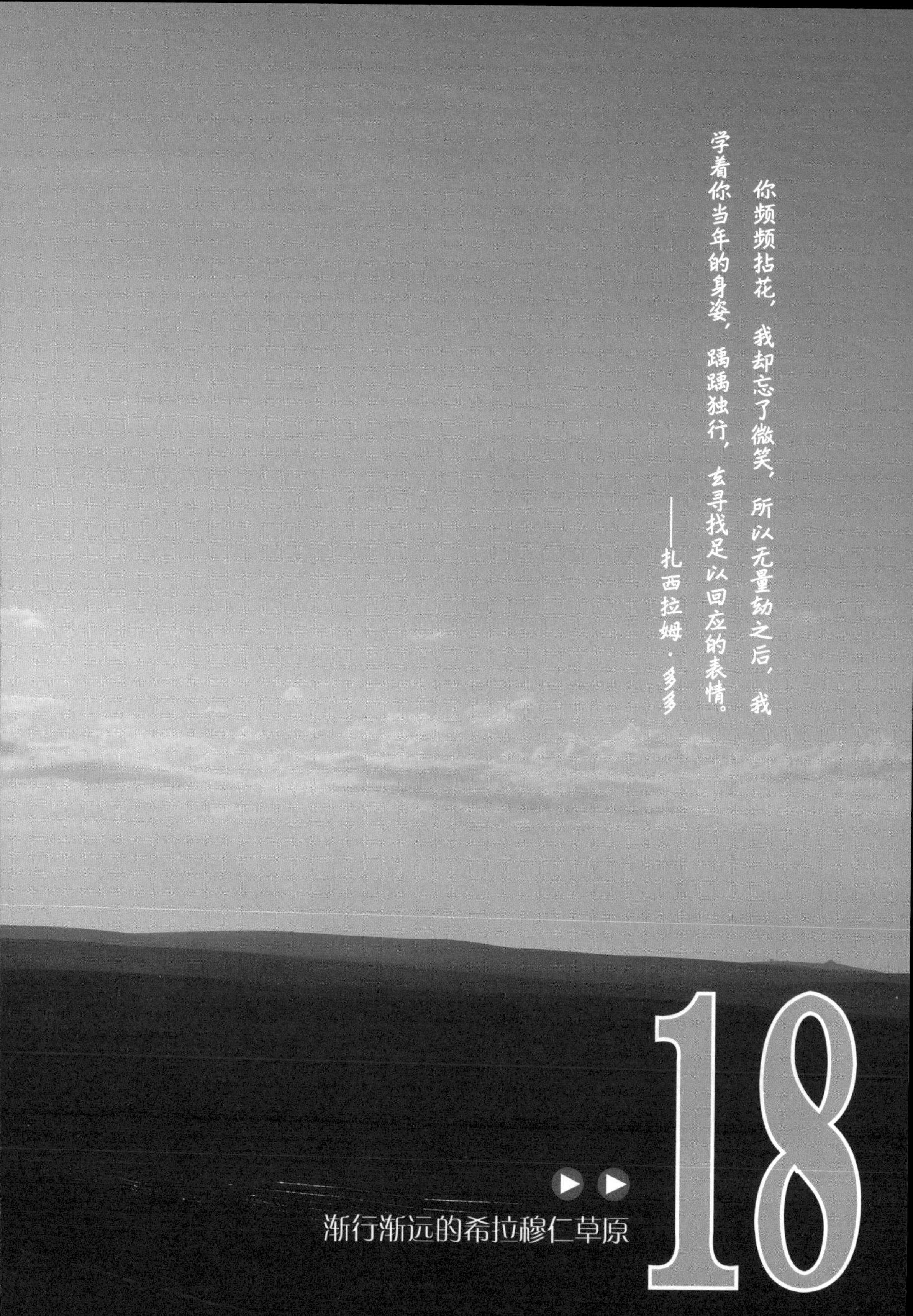

你频频拈花，我却忘了微笑，所以无量劫之后，我学着你当年的身姿，踽踽独行，去寻找足以回应的表情。

——扎西拉姆·多多

18

▶▶

渐行渐远的希拉穆仁草原

轮回中的你我，也许是归人，也许是过客，从哪里走来，要到哪里去？都是说不清的纠葛。

渐行渐远的希拉穆仁草原

　　当生活不尽如人意时，向往旅行；向往出走；向往户外就是自然而然的事情。因为在路上行走，半似真实，半似梦幻，而当你春风得意，顺心顺意的时候，一次说走就走的出行，就更值得让人期待。因为走在路上，就像是微甜的痛感，最深切地确认着你的存在。如此这般，你便相信这世上，一定还有无法掌控的神秘，和尚未探究的灵性。

　　位于包头市达尔罕茂明安联合旗东南部的希拉穆仁草原，距离旗政府所在地百灵庙 80 公里，距离呼和浩特市 90 公里，而距离属地包头市却有着 240 公里的路程。每年呼和浩特市和包头市的一些户外群，在每周户外的攀爬和穿越过程中间，也会选择到这里享受一次没有任何强度和难度的放松休闲之旅。

　　"希拉穆仁"，蒙语意为黄色的河，因其草原上有座香火旺盛的召庙，于是更多的人把这里称之为"召河"。每年的 7 月底至 8 月初，正是希拉穆仁草原最美的季节，草色青青、河流潺潺、阳光灿烂、风

情万种。希拉穆仁草原在内蒙古地区是属于开发较早的草原旅游区，草原上建有很多设施完备的旅游接待点。

希拉穆仁草原虽然没有内蒙古东部草原的繁花似锦，但这里的苍凉辽阔却是旅游者和户外"驴友"的最爱。在这里放歌牧野，聆听的是那洁白的云朵和青青的绿草，那种祥和、那种宁远、那种宽广，在这天似穹庐、笼盖四野的皇皇大景之中，酿就了这雄浑草原的凝重和奔放。

希拉穆仁草原处于阴山的余脉，是坡度较为平缓、连绵起伏的丘陵地貌。有大片大片的原野，散落着一个个的旅游点。旅游点白色的蒙古包连接成片，在这万顷的碧野之中，恍若撒落在碧毯上的珍珠。

黄草漫漫的大草原，像是波涛起伏的黄绿色大海，草都差不多高，但草下沙丘起伏不平，地势高低错落，草原上的大多数区域，起伏和落差都不是很大，从远处或者高处很难分辨，夏天若是雨水充沛的话，草可以长到一尺多高。绿草如茵，风吹草浪，其景可与呼伦贝尔的草色相媲美。但这里的草种与呼伦贝尔、科尔沁以及灰腾梁都不一样，远远地看着，万顷碧野之上泛着一片淡淡的白色，走近了仔细注目，那是正在结出的草籽的颜色。草原上也有岩石山或沙土山，因为天高地广，从远处看，只是觉得天地相连，起伏绵延，唯有到了近前，才能真切地感受到坡度落差

　　走过的路上，总会有一些驻足，总会有一些片段，会让你停留在某一个定格的
瞬间……

之大。

在希拉穆仁附近的草原上，是很难见到成群的牛羊的，因为常规情况下，25亩草场可放养一只羊，但这些年来，草原上每亩草场里的实际放养数远远超出了规定数。为了保护草原，当地政府实行行政干预，对希拉穆仁附近的草原实行了禁牧，使放牧的牛羊数量减少了很多。

所谓的草原，其实和我们想象的差距很大，都是稀稀拉拉扎根在沙丘上，分布很不均匀，草长得全是一簇一簇的，虽然在近处看，这些草又稀又长，可眺目远望，无边无际的草原便瞬时在你的视野里化作黄绿色的汪洋，无穷无尽连绵不绝。

清晨在草原上驱车行进，走走停停，就会发现这里到处都是用铁丝网围着的草地，每隔一段距离，就会看见三三两两的马儿，在这些被铁丝网围着的区域里，低着头，安静地吃着草，神情专注，步态安详。而当朝阳升起，草原上的薄雾散尽，这些马儿的身上和地上的黄草，便都被镀上了一层金黄色的柔光，在相机的取景框里，构成了一幅幅光影和谐的影像构图。

而今，草原上见到最多的，便是这些专供游客骑乘的马群，它们在白天被套上马具和鞍鞯，集中在各个旅游点上，在牧民们的吆喝声中，载着来自不同地方的游客们，慢吞吞地重复着固定的行走线路。临到

黄昏，夕阳西下的时候，便又被驱回各自放养的草场，拖着被夕阳拉长的疲乏身影，在稀疏的草地上，在这片祖先们曾经纵横驰骋、狂野奔放的草原上，渐行渐远。

　　走过的路上，总会有一些驻足，总会有一些片段，让你停留在某一个定格的瞬间，让你卸下了都市丛林里的重重铠甲，远离了狭窄的楼群、拥挤的街道和污染的空气，把你固有的习惯性思维摁点了切换键，虽然只有那么一小会儿，但也足以使你在那一个特定的间隔里，有机会放空所有的思绪。

　　轮回中的你我，也许是归人，也许是过客，从哪里走来，要到哪里去？都是说不清的纠葛。其实，都不重要。活着最大的快乐，不是在手机里自拍晒幸福，而是向暗黑处寻找光明。我们不是看不到阴影，而是更乐于在每一个晴好的日子里，做一面镜子，就那么自顾自地，反射着阳光。

户外小常识：行进间怎样科学的休息？

零基础的"驴友"在第一次徒步时因为不适应，会很容易感到疲劳。其实，行走中的休息是很有讲究的，原则上是长短结合，短多长少。短时间休息以站着调整呼吸为主，时间不要超过5分钟。每行走1小时到1.5小时，可卸下背包休息15分钟，但切记不要一停下就瘫倒在地，应先调整下呼吸再坐。坐着休息也不等于没事干，要利用这段时间按摩肌肉，帮助放松。

我们都知道，姹紫嫣红的春光固然赏心悦目，却也抵不过四季流转，该开幕时总会开幕，该散场终要散场。但我们的心灵可以栽种一株菩提，四季常青。

——林徽因

▶ ▶ 奎素沟的草市修行

19

奎素沟的草木修行

有人说过："好的旅行，应该是孤独的，孤独的旅行能让人有更多的机会单独面对自己，向更远的地方，也向自己内心的更深处出发。总有一天，你会在不经意间，遇到你最想成为的自己。"

人的一生会遭遇无数次相逢，有些地方，是你看过便忘了的风景。有些场景，则在你的心里有如老树盘根。那些无法诠释的感觉，都是没来由的缘分，缘深、缘浅，早有分晓。之后任你我如何修行，也无法更改初见时的模样。

奎素沟位于大青山东端呼和浩特市郊区保合少乡境内，沟的两侧便是青城户外群经常攀爬和穿越的猴山和虎头山。

由主沟徒步进入大约 1.5 公里，就可以领略到奎素沟的奇峻魅力。两岸的悬崖峭壁随沟势蜿蜒而去，涓涓的清泉，不时地从两岸崖壁的石缝间奔突而下，在沟底汇聚成一条潺潺的溪流，叮咚作响，奔流而去。

溪流两边较为平坦的沟壑间，绿草伴着各种颜色的不知名的花儿，

203

慢慢地学会转身离开，生命中那些焦急的味道，都会在匆匆而过的时光隧道里，愈来愈淡。

崖壁石缝间，生长着丛丛的灌木和一棵棵具有顽强生命力的树木。逶迤蜿蜒的深壑沟谷里绿意葱葱、生机一片。

　　时有斑斓的彩蝶，从金灿灿的花丛中飞起，伴着溪流的朵朵浪花，翩翩起舞。那些蜻蜓似的小小飞虫，纷纷做点水状追逐着流淌的溪流，丝毫不见疲倦。两岸崖壁上的灌木绿树丛中，偶有一两声不知名的鸟鸣传来，弹动着一川静谧幽深的旋律。

　　年华的味道，浓淡相宜。记忆更像是倒在掌心的水，不论你摊开还是紧握，终究还是会从指缝中一滴一滴流淌干净。朝花暮日，风景依旧；春去秋来，物是人非；似水流年，浮生若梦。一天天，一年年，岁月像风一样，从我们的指间不经意地掠过。就像所有的邂逅，都是被扣住的某段因果，许多人称之为孽缘或是情债。无论结局是喜是悲，我们都应该坦然地接受。慢慢地学会转身离开，生命中那些焦急的味道，都会在匆匆而过的时光隧道里，愈来愈淡。因为那些过往的时间，就在我们转身之后，便已开始渐渐荒芜。

有户外的前辈曾说："行走，也是一场修行。"

就似这山间的一草一木，一花一叶，岩角青苔，都立在这无边无渡的清风中，默然地修行着，他们同白云相对，与清风相拥，在这沧桑烦闹的世间，安静地根植于大地之上，泥土之下，开落有时，轮回有序，守着一颗质朴的心，不叹光阴寸寸，不哀生命无常。因为它们早已深深懂得，生命是场花开花落的心事，淡然才是最美的情怀。若无这世事变迁，轮回摆渡，久处于世是多么了无生趣的事情。四季的

更替，光阴的辗转，一生的修行，才能让他们终结的生命得以延续，得以重生，得以永恒。

户外小常识：野外环境下的垃圾处理

旅途中最大的问题就是垃圾处理，所以在徒步过程中产生的不可降解的无机物垃圾应用塑料袋包好，并带回城市处理，对于可降解的有机物垃圾可以就地掩埋。野外如厕时要远离水源30米，如露营时应选择在营地下风口，排泄完以后最好用土掩埋，以防止气味散发或污染周围环境。户外的目的就是亲近大自然，做一次环保的行走是热爱户外运动的"驴友"最起码的道德标准。保护自然的生态平衡是大家的一份责任，就像我们户外圈里常常讲的：除了照片什么都别带走，除了脚印什么都别留下。所以，作为一个户外行者，首先就应该是一个环保爱好者，你说不是吗？

欢喜承受大自然的每一落笔，笔笔都是天意，生命没有败笔。

——扎西拉姆·多多《喃喃》

► ►
万家沟懂得

20

由于这里特殊的地质地貌以及大自然的鬼斧神工，万家沟已经成为一些青城户外群体验攀冰、山地崖降和高山速降的绝佳之地。

万家沟懂得

人生如寄，一切都将过去，没有人能在岁月的苍穹里划一道不灭的痕迹。不管你是意气风发，还是平淡落寞，都将被搜罗在历史的尘埃中。流云过千山，本就一场梦幻。

出呼和浩特市区，向西，驶入110国道，大约几十分钟以后，就会进入土默特左旗察素齐镇，出了镇子再向西北5公里处，有一条大沟。名为"万家沟"，沟中有一条溪水，古称"塞水"，后称"万家沟河"，也叫"察素齐河"。

据传，曾任工部主事、镇守辽左、战功卓著的广宁兵备道万有孚，在清军入关后，与其家人响应大同总兵姜瓖起义抗清，在晋北与多尔衮激战数月兵败。清军攻入当地，横扫千军，万家老夫人（万有孚之母）命家人在街巷内遍挂大蒜，以逼异族秽气，然后一把大火将宅邸点燃，与之同归于尽。逃出的男丁们踏冰过河，一直向北，经今清水河县和准格尔旗以北、以西方向，逃到阴山山脉的大青山和狼山里。

　　《绥远通志稿》中，也有着记录万有孚及其家人于顺治三年冬，举义败后逃往今内蒙古土默特左旗万家沟租地采煤，维持生计等故事。此沟因而得名"万家沟"，俗称"大沟"，"万家沟村"的村名亦以沟名而得。村西有一座"万三大人墓"的旧时遗迹，传说就是万有孚的墓。

　　历史常常会有许多巧合，经过几百年后，到了20世纪的三四十年代，当日寇再次全面侵华时，万家沟竟成为抗日游击队的敌后根据地，成为八路军七一五团抗日游击队挺进大青山最早的司令部所在地。在抗击日本法西斯的侵略战争中，万家沟的蒙汉各族人民，积极为我抗日军民筹措粮食和补给，向我军传送日伪军的动向和消息，在战斗中隐藏和掩护我军伤病员，为抗日战争的胜利做出了杰出的贡献。

万家沟山景绮丽，水源丰富，山涧溪流纵横，飞瀑鸣泉随处可见，山表和山腹的褶沟里长满了各类植物，青叶如织，好似数条青龙在山间屈曲蜿蜒。夏秋之际，丛山披彩，繁花似锦，令人目不暇接。头顶纯白色的云朵，在裸露着的岩石上摩挲着，在湛蓝色天幕的底布上，轮廓格外清晰。沟内奇峰林立，怪石纵横，由于这里特殊的地质地貌以及大自然的鬼斧神工，万家沟已经成为一些青城户外群体验攀冰、山地崖降和高山速降的绝佳之地。

每当我们户外到一个地方，总会听到一些古老相传的故事，总会有那么一刻消沉低落，或是片刻的灵魂出窍，不知所措，不知生而为何。现实的生命里，总会有一些感慨与无奈，痛苦与磨难，喜悦与欢颜。走过的路，路过的人，都会在心里留下或深或浅的痕迹。偶尔翻阅起，也许是一些感动，也许是一些伤痛。几经岁月的浸染，在时光里沉淀，更加懂得了珍惜，更加学会了好好爱惜生活和关心自己。人生不容易，许多人许多事，还来不及好好相聚，却犹如站台的过客早已匆匆别离。

人，就是因为怀揣的心情不同，追求的目标不同，踏出的步点不同，

所以导致旅途的剧情不同，生命的色彩不同，人生的意义就不同。其实，每个人的人生犹如一叶小舟，承载有限，承载不了太多的梦想和心愿。我们每个人的人生之舟都需要自己掌舵、自己掌控。若能做到心宽，则天地也能被心所容；若能做到心纯，则万物皆能为我所歌。人生旅途，总有喧嚣、纷扰、挫折和磨难，只要我们轻握一份懂得，便能让自己远离纷扰，给自己一份宁静，远离痛苦和烦忧，悠然行走于红尘的每一个季节。

> **历史小链接——万家沟抗日大事记**
>
> 1938 年秋，八路军一二○师贺龙部，根据毛泽东主席电令，派李井泉、姚喆成立"大青山抗日游击队"，挺进大青山，开辟大青山抗日革命根据地，司令部驻在万家沟村。
>
> 1939 年 3 月，绥蒙工作委员会从伊克召盟转移到大青山，与大青山特委合并，建立绥远省委，省委领导机关设在万家沟。大青山抗日游击队队长高凤英（蒙古族）在此遇难。
>
> 1941 年秋，大青山抗日民主政权绥察行政公署成立，行政公署和绥西专署就设在万家沟——前晌村。中华人民共和国成立后，党和政府把万家沟定为抗日革命根据地。

如果我们都是孩子，就可以留在时光的
原地，坐在一起，一边听那些永不老去的故
事，一边慢慢皓首。

► ► ►

燃情岁月之娱蚣坝

21

我希望未来比过去更加美好，希望未来不会沾染过去的迷惘与困惑。

燃情岁月之蜈蚣坝

我们每个人都像是农夫，洒下良种将有丰收，播下劣种或生满野草便将毁去收成。没有耕耘则会一无所获。我希望未来比过去更加美好，希望未来不会沾染过去的迷惘与困惑。我们都应举目向前，因为我们的余生，都要用未来书写。

蜈蚣坝位于大青山中段，是一个十分险要的隘口。古称白道岭，最早见于北魏地理学家郦道元的《水经注》："芒干水（大黑河）……又西南径白道南，谷口有城在右，萦带长城……谓之白道岭。"这是最早见于史料中有关蜈蚣坝古代称谓的记载。是古今沟通山南山北的必经之地。古人有诗："云催古道见天低，鞭打喘牛不能前"形容此道的凶险。白道岭山高坡陡，地势险峻，道路沿山而进，蜿蜒曲折，倘扼山而据，大有"一夫当关，万夫莫开"之势，易守而难攻。从古至今便一直为兵家必争之地。1926年春，时任绥远警务处长的吉鸿昌在当地义工帮助下，带其所属部队重修蜈蚣坝，将古白道从山顶改至

217

谷底，三月完工，成天堑通途之举。吉鸿昌楷书"化险为夷"四个斗大的字，刻于马家店村东石崖之上，至今犹存。

北魏以前，蜈蚣坝一带即为北方游牧民族与中原地区交流往来的主要通道。据《穆天子传》载，周穆王曾西行至昆仑山西王母国，途经蜈蚣坝南端坝口子一带，曾受到当时的少数民族大戎的款待。《后汉书·竹书纪年》中也记载有周穆王西征犬戎"获其五王以东，遂迁戎于太原"。太原即今包头西一带。战国时期，赵武灵王"胡服骑射""北破林胡、楼烦。筑长城，自代并阴山下，至高阙为塞"。今蜈蚣坝沿东西山峰西侧，仍存有赵长城遗址。

秦统一六国后，派大将蒙恬将三十万兵众北逐匈奴，并在秦、赵、燕长城的基础上，修建秦长城。蜈蚣坝一带，仍为交通要冲。而汉及南北朝时，蜈蚣坝一带更是北方民族南下中原的主要通道，战事频繁。

北魏政权更在白道以北设武川镇扼守，一直延续到唐宋时期，蜈蚣坝一带仍称白道，仍是北方游牧民族和中原政权往来的主要通道。辽代，蜈蚣坝称渔阳岭，至今在武川县哈拉合少乡马场梁、二份子乡大公一带，仍有有关辽代萧太后及天祚帝的传说。《辽史·本纪》载，保大二年（1122年）三月"丙寅上（天祚帝）至姑底仓，闻金兵将近，计不知所出，乘轻骑入夹山"。夹山即武川县哈拉合少乡的马场梁。《辽史·本纪》载："保大四年秋，上遂率诸军出夹山，下渔阳岭，取天德、东胜、宁边、云内等州。"渔阳岭即白道岭。元代又称为甸城山谷。因阴山一带为汪古部驻地，白道岭又被称为"翁衮达不嘎"，口语以讹传讹，遂演绎成今天的蜈蚣坝。清朝时又称得胜坝，或都伦大坝。

抗日战争时期，日寇的一个伪警察小分队在此长年驻守，是日寇扼山前山后的一个重要据点。我八路军大青山支队二营营长唐金龙率

部从司令部驻地井尔沟出发，由当地农民带路来到蜈蚣坝，包围了伪警察所并俘虏了全部伪警，然后作了周密的部署，在坝顶老爷庙戏台后设伏，全部歼灭赶来增援的四车日军八十多人，其中击毙日军少佐一名，缴获了许多战利品。这是八路军建立大青山根据地后影响最大的一次战斗，此后，八路军在大青山威名远扬，随即也拉开了大青山抗日游击战争的序幕。

青城户外圈里的一些相对成熟的户外群，会不定期地进行一些具有特殊意义的怀旧之旅，或是纪念革命先烈，或是寻古探幽。一次怀旧的户外行走，不仅仅是附庸风雅的猎奇探寻，更是鼓起勇气，找回曾经勇敢坚持善念的自己，不仅仅是从怀念往昔的感慨和缅怀先烈的过程中，体味到的微甜的痛感，而是在往日的光辉里，重新振作起坚持与行动的信心。

或许，用一首旧时的词，会更加切合地表达一下，我们在面对那些曾经的过往尘烟时，感受到当下的那一番心境：

贺新郎·读史

人猿相揖别。只几个石头磨过，小儿时节。铜铁炉中翻火焰，为问何时猜得？不过几千寒热。人世难逢开口笑，上疆场彼此弯弓月。流遍了，郊原血。

一篇读罢头飞雪，但记得斑斑点点，几行陈迹。五帝三皇神圣事，骗了无涯过客。有多少风流人物？盗跖庄蹻流誉后，更陈王奋起挥黄钺。歌未竟，东方白。

原来所谓的异乡客

曾经遇见那片嫩绿的田野，那泓戈壁中的清泉

遇见你那西行小的心田

珍惜往昔梦想满满的快乐，

我听见有人悄悄说

这是你动了凡心的地方了，这是你永远不及的梦。

——三毛

九峰山的梦想与生活

22

九峰山的梦想与生活

常常会有朋友问："户外活动是怎样改变着你的生活的？"

音乐会改变旋律和调式，但是它依然牵动内心，道路会改变方向和坡度，但是它仍然连接着远方。户外一头连接着生活，一头连接着期待，一路颠簸，一路磨砺，一路汗水，一路煎熬，一路跌跌撞撞又好像永无停歇……直到你突然间看到山中的一道魅丽奇景，直到你看懂了自己在清浅溪水中的倒影，在水中柔波荡漾地摇曳着，顺着细流弯水，流淌而去，带走你在生活中全部的意见和所有的成见。

我们有时候坚定不移地想要去做一件事，最后却常常失败，不是因为心灵不够强大，只是太容易被突发之事左右，变得迷失掉我们最初坚持着的方向。

其实，你很清楚自己真正想要的生活，究竟应该是什么样子，而你生活中真正需要的，并不很多。人生若不往前看也不往后看，只是活在当下，就什么烦恼也没有，有时候我们觉得活得太累，只是因为

223

想得太多。

　　九峰山位于阴山山脉中段，土默特右旗萨拉齐镇北端的山谷里，主峰海拔 2338 米，险峰众多。从一峰到九峰，山山有特色，峰峰有造型，低的小巧玲珑，高的巍峨壮观。有"一夫当关，万夫莫开"的"一线天"，以及活灵活现、栩栩如生的"卧佛峰""麒麟峰""独树峰"，美不胜收、引人入胜，让人浮想联翩。

　　特别是波光潋滟的"石湖"，横在群山环抱之间，夏日的阳光把湖水照的斑驳陆离，夏风微拂，水波不惊，如镜的湖面上纤云弄巧，绿树、青山、蓝天、碧崖倒映湖中。远处山腰岸边有户外"驴友"的影子在湖水中映出，像是踩着水中的云朵，又像是游弋在湛蓝的天幕里。

　　周遭层峰累累的山势怪石嶙峋，娇小玲珑的如破土而出的春笋，精巧雅致的像含苞欲放的睡莲，动感十足的如出水的蛟龙，呼啸跃动的像扬鬃的骏马，水上水下俨然是一个活脱脱的世界。它们远离尘世，藏匿在旷野深山之中，令人一走进它，便有一种羽化而仙的感觉。

我们热爱户外，是因为在它的羽翼下，隐蔽着无数的可能，它目视远方的姿态里，容得下我们最深远的期待。我们向往远方，或者是因为我们对现实的不满足，或者是因为我们没有来得及或者耐下心来，享用我们拥有的现实。赋梦想以有形，有时是对梦想的辱没。拨动心弦的，其实从来都不是面对梦想之物的那个实体，而是那个遥望梦想的姿势，那个过程，还有那个眼神……

我们的梦想，就是我们还有梦想。因为人生最重要的是学会享受痛苦，在自己最痛苦的时候，给自己放放假，歇完再说。

户外小知识：在攀爬碎石多、冰雪多、易滑落的山坡时，相邻队员的距离不要太近，要留出比平时多两个人的间距，以防下面的人被砸伤。在易滑的山坡下山时要保持一定间距，要等到前面的人安全到底后，后面的人才可以下山。有条件的话，前面的人可以为后面的人做一下保护。

我们永远都在崇拜着那些闪闪发亮的人，我们永远觉得他们像是神祇一样的存在。他们用强大而无可抗拒的魅力和力量征服着世界。但是我们永远不知道，他们用什么样的代价，换来了闪亮的人生。

——郭敬明

▶ ▶

韵律金銮殿山

23

韵律金銮殿山

你错失了夏花绚烂，必将会走进秋叶静羌。任何事，任何人，都会成为过去。

绿色的户外，是除了脚印，什么也不要留下，除了照片，什么也不要带走。

路上的风景，是一张你可以自由选择角度的照片，也可以是随意更改情节的剧本，还可以是你手机里的那个叫作"我的世界"的单机游戏，更可以是你内心世界不为人知的"世外桃源"。每次行走时的第一步，往往是戴着耳机从你最爱听到的那首旋律开始。

金銮殿山位于首府呼和浩特市下辖的土默特左旗毕克齐镇正北，距离呼和浩特市区 70 公里，顶峰海拔 2280 米，属呼和浩特市境内的最高峰。

山上现今存有一处呈椭圆形的院墙遗迹，墙体由沙土石块砌成，现高约一公尺，宽约六公尺，南部已因垦田种地被毁，其余部分，轮

你错失了夏花绚烂，必将会走进秋叶静羌。任何事，任何人，都会成为过去。

廓依然清晰。据传是北魏时期魏帝行宫遗址，据《水经注》卷三载："……经魏帝行宫东，世谓阿计头殿。宫城在白道岭北阜上，其城圆角而不方，四门列观，城内惟台殿而已。"现"四门列观"已经坍塌，只有东门依稀可辨。

一路攀登而上，登临盘旋上升的小路，大有峰回路转之感。沿途的林子里，在微风中晃动细碎的枝叶，发出声音，如同流水一样。叶片在阳光下映射出透明的光泽。阵阵山风蔓延过来，让人感觉能够滑翔其中。天空有云层的时候，呈深蓝色，蓝得厚重而纯净。

登上顶峰，环顾四方，周遭群峰拱卫、山涧流水潺潺。松生幽谷、云起林间；风声松涛，丽日蓝天；空气清新，松林芳香，沁人肺腑。极目远望，土默川平原辽阔无际，一览无余，近处的哈素海，如同一面水镜，波光粼粼。一阵清冽的山风拂面，不由得闭目凝神，耳畔犹如天籁降临，传来阵阵遥远的味道，口鼻端呼吸着荒草和林间的气息，唤起你在城市里尘封已久的渴望和灵感。

有些风景，真的是有一种莫名的使人动容的魔力，在它们面前，你会感到心弦凛然一动，仿佛爱情到来，如同天启降临，风声入耳，云天过海，温暖人心，仿佛一首熟悉的旋律，唤起你内心无边的向往，让你的心伴着这熟悉的旋律，随风飘向远方，从容地写下内心片刻即逝的念头。直到很久以后，当你再次听到这熟悉的旋律时，灵魂便会再一次出发。

户外小常识：行进间怎样节省体力

第一次参加户外徒步，一些新的"驴友"很容易把它当作普通旅行，一路说说笑笑，跑跑停停，走路时快时慢。不用多久，你就会惊异于体力流失之快。徒步是一种全身运动，要注意通过摆臂来平衡身体，稳定重心，小步伐前进。脚掌用力要均匀，不要踮脚行走，要全脚触地稳稳踏步。零基础"驴友"要知道的第一个徒步技巧就是始终保持一定的节奏。徒步最开始的5~10分钟可以留作预热时间，此时宜放缓脚步。之后的行程中，可逐渐调整步伐，控制节奏，匀速缓行。徒步中，要集中精力行走，尤其是长途行走时，打闹嬉戏只会消耗体能。

所有的悲伤，都会
留下一丝欢乐的线索；所
有的遗憾，总会留下一处
完美的角落。

——几米

▶▶▶
冰河沙图沟

24

冰河沙图沟

我们辛辛苦苦来到这个世界上，可不是为了每天看到的那些不美好的事物而伤心的，我们生下来的时候就已经哭够了。而且我们啊，谁也不能活着回去。所以，不要把时间都用来低落了，去相信，去孤单，去爱去恨去浪费，去闯去梦去后悔。你一定要相信，不会有到不了的明天。

仰望着天空，梦想才不会落空，所幸走进世界的刹那，时光没有错乱和逆转。

行路与陌路，表面形式太多，其实都差不多。一个人，一处场景。就这样一直怀着梦想去行走。一次次的参与着不同人群的行走，或许归来即为陌路，但这样并不是矛盾着的，而只是陌生的仓皇和唐突。陌生的环境，遇到的陌生的人，人们在讲述着各自的故事，只不过各自担当的角色，总是会在前行的路上，有着擦肩而过的瞬间。

沙图沟位于美岱召镇沙图沟村，是由欧亚板块边缘撞击形成的火山岩群，地形极为险峻独特，峡谷两侧数百米高悬崖峭壁、沟壑上面长了许多松、柏、桑、桦树等。峡谷九曲十八弯，宽的地方有几十米，窄的地方只能一人通过。

沟谷内布满大大小小的石块，谷中流水四季不竭，清澈见底，在很多的地方积成小的潭水和落差不一的瀑布，在冬天，便会形成一处处冰挂凝结、晶莹通透的冰河和冰瀑。

穿行在沟内的白桦林间，脚下踩踏碎石的声音格外清晰。沟中被冰冻凝滞的溪流，形成一条蜿蜒曲折的冰河，流动的静止状态十分有型，水面宽窄不一，有时便会阻住了前行的去路。于是，带着冰爪的，便套在鞋上在河面上走上几步；没冰爪的，则小心翼翼在冰面上慢慢地出溜，一不小心摔倒，便会引来一阵阵欢快的笑声，余音袅袅地回荡在这静谧的深谷。

沿冰河继续往里走，岸边兽类的足迹循循可辨，不经意间眼前或许会突然出现一只山羊，睁着疑惑的大眼睛与你静静地对视片刻，然后悄然遁去，留下几声"咩咩"回荡在深深的谷中。

户外行走，不计成本，不假思索，在某种程度上，或许是一种有目的地冒险。有目的的是前方，没目的的也是前方。一如曹文轩笔下的《前方》：

"众人的眼中、心里，总有一个前方。前方的情景并不明确，朦胧如雾中之月，闪烁如水中之屑。这种不确定性，反而助长了人们对前方的幻想。前方使他们兴奋，使他们行动，使他们陷入如痴如醉的状态。他们仿佛从苍茫的前方，听到了呼唤他们前往的钟声和激动人心的鼓乐。他们不知疲倦地走着。因此，这世界上就有了路。"

户外小知识：怎样穿越岩石

山地行走途中，经常会遇到各种各样的岩石坡和峭壁。因此，攀登岩石是登山的基本技能。在攀登岩石之前，应对岩石进行细致地观察，慎重地识别岩石的质量和风化程度，然后确定攀登的方向和通过的路线。攀登岩石最基本的方法是"三点固定法"，要求登山者手和脚能很好地做配合动作。两手一脚或两脚一手固定后，再移动其他一点，使身体重心逐渐上升。运用此法时，要防向上窜跳和猛进，并避免两点同时移动，而且一定要稳、轻、快，根据自己的情况，选择最合适的距离和最稳固的支点，不要跨大步和抓、蹬过远的点。

很多事情就像是旅行一样，当你决定要出发的时候，最困难的那部分，其实就已经完成了。

——卢思浩

楼房沟冰瀑 25

楼房沟冰瀑

当你在犹豫的时候，这个世界就很大；当你勇敢踏出第一步的时候，这个世界就很小。等到有一天你变成了你喜欢的自己的时候，谁还会质疑你活得不精彩呢？你已经变成更好的你了，一定会遇到更好的人的。你是谁，就会遇到谁。

时光匆匆，永不停步。我们大多很少造访自己的内心，静静地梳理过往。因为忙碌，因为浮躁，甚至因为恐惧和不忍面对过去，更因为我们一直认为自己需要拥有更多。当你觉得拥有的一切不再能够让自己觉得快乐和满足的时候，不妨在寒冷的冬天里去做几次户外的行走，也许能帮助你领会是什么使你成为真正的你，真正值得留下并为之自豪的，又究竟是什么？

芦房沟位于包头市土默特右旗境内，又名"楼房沟"。距离呼和浩特市100公里。山坡上松柏参天，白桦茂密。山势陡峻、白云缭绕。沟内悬崖丛生，瀑布飞泻，树茂林深，沟内潺潺流水，四季不绝，天

243

暖平缓之处则为河流，天寒陡峭之处则为冰瀑。

楼房沟的沟口，一道高达十几米的瀑布，更是给其增添了无穷的魅力，尤其是在冬季，远望一道冰河从崖顶喷涌而下，凌空凝滞在高耸的崖壁之上，宛若一条白龙横空出世，气势极为壮观。

冬天的楼房沟，风很干净，巨大悬垂的冰瀑，也很干净。

每年冬天，呼和浩特市和包头市的一些相对比较专业的户外群，不时地会在这里组织进行一些户外攀冰的活动。

和一般的户外体验不同，最喜欢在攀冰体验里寻求刺激和挑战的，更多的却是"女驴友"。

她们会在户外专业指导的帮助下，套上冰爪，手持冰镐，缠好防护带，拽起冰瀑顶端放下的牵引绳，鼓起勇气，一步一步，攀缘向上。

虽然爬的歪歪斜斜，虽然攀的胆战心惊，但当最终形象全毁地登上瀑顶的那一刻，所有的紧张和刺激，都化作一阵阵欢快和喜悦的尖叫声，飞舞盘旋在漫山的沟谷里，久久地蔓延、回荡。

一次略带冒险的户外之旅，难道不就是为了体验那么一点点离经叛道的乐趣；不就是为了做一些平时没有做过，或者是没有时间去做的事情么。

有时，我们偶尔的一次冲动，征服了一次理性。于是，在我们心里，就多了一次狂喜；于是，我们精神饱满、神采飞扬；于是，我们阳光满脸、温暖人间。这些，难道不就是我们一直追求和喜欢的状态么。

喜欢一些小小的刺激和冒险，因为，它会消磨我们的不知足。

有时，我们偶尔的一次冲动，征服了一次理性。于是，在我们心里，就多了一次狂喜。

户外专家提示：遇险时你要这么做

在参加登山或户外活动时，往往容易因于天气、地理、迷路、受伤等原因出现意外事故。中国登山协会的专家李舒平（多年负责登山活动救治的主任医师）、于良璞（山野杂志主编、原中国登协秘书长）提出在意外情况下的4条准则，供户外登山爱好者参考：

1.最重要的是保持冷静。认真分析一下当时的环境，判断凭自身的能力是否能够解决意外事件，要尽可能离开所处的危险境地，以防意外的再次发生；对伤病等要及时用药、包扎处理，把伤害减小；找到安全的地方休息或隐蔽。如能自行返回，最安全的办法是"走回头路"，即顺着来时的路返回。如不能自行返回或处理意外，则要寻求救援。

2.寻求救援的第一准则，是尽可能确定自己所处的位置。利用已有的器材，如卫星定位仪、高度计、地图，没有器材时可根据周围地形的明显参照物，如山头、河流的形状、大树等判断所处位置，以便救援人员寻找。

3.利用已有的通讯器材向外界发出求救信号，如手机、报话机、电台等，如没有器材或联络不通，则应派人寻求救援。在不能派出人员的情况下，则应利用一切手段告知外界，如利用小镜子或反光物向外发出信号、在空旷处用可能利用的材料摆设求救标志、白天的烟（要谨防失火）和夜间的灯光信号都是最能引起人们注意的。

4.在等待救援时，或一时得不到救援时，要采取自救措施。如检查食物和饮水，合理分配使用，在安全、避风的地点搭建休息甚至过夜的设施等。

回忆每一年的自己，回忆每一个过去的自己，把他们重叠在一起，把时间重叠在一起，对着滚烫的太阳光线，看一看那些灰色的铅笔线条，是不是连绵不绝地画满了整个生命的纸面。

——郭敬明

▶ ▶ ▶

有空常来的小井沟

26

　　生活如同一片有着无数分叉小路的宽广丛林，幸福不是永不迷失，而是善于忽略迷失的痛苦，不停顿地寻找，并懂得享受寻找的过程。

有空常来的小井沟

人生若不往前看也不往后看，只是活在当下，就什么烦恼也没有，有时候我们觉得活得太累，只是因为想得太多。

生活如同一片有着无数分叉小路的宽广丛林，幸福不是永不迷失，而是善于忽略迷失的痛苦，不停顿地寻找，并懂得享受寻找的过程。好像人开始慢慢成长，就会慢慢地缅怀一起过去的种种，无论是失败的、伟大的、苍白的，还是绚烂的。都像是变成甘草棒一样，在嘴里咀嚼出新的滋味。甜蜜里是一些淡淡的苦涩，让人轻轻皱起眉头来。

小井沟蒙语称"旭尼苏贝"，位于大青山南麓呼和浩特市东北25公里处，南临110国道、呼包高速公路及京包铁路，自然资源丰富，这里有原生态的高山草甸草原，原生态的天然桦树次生林，以平顶山为中心，四周与各大景区相连，形成突出的旅游带，紧邻"大窑文化遗址""红召""圣水梁"等著名的青城户外徒步佳地。在沟口的水磨村北，尚有战国时期的"当路塞"遗迹。

小井沟林草丰茂，山林间有许多的山泉水，水质甘甜清冽，众多山泉交汇，从林下山间，汩汩而出，形成潺潺溪水，长流不息，常年不歇。在北方多旱少雨的地方，能有如此甘泉清溪，实属难得。

小井沟内群峰叠嶂，最高峰为平顶山，海拔 1976 米，登顶可鸟瞰呼和浩特市区全貌，山顶为千亩草原，是典型高山草甸草原，草类繁多，平铺开去，茵茵如毯。有敖包一座，为蒙古族牧人祭祀之地，立于山顶，俯视青城，一览无余，更增居高临下之意。在平顶山观日出，甚为壮观。

盘山而上，有部队当年修坑道所修筑的道路，攀缘而上，峰回路转，有巨岩兀然而立，壁立如削。绕过绝壁前行，森林茂密，漫漫不知边际。

梭杨槭桦，杂列其中；野花野草，遍山盈谷。偶有山风吹来，树木花草之香清新入鼻，达肺通心，令人神清气爽。

每逢入夏，市区酷热难耐，沟中却凉爽宜人，别有洞天。秋来层林尽染，山水如画，雨雪风霜，植物的枝叶花果因时而变，四季景色各异。

初春，冰雪消融，溪流潺潺；

盛夏，绿草如茵，繁花似锦；深秋，层林尽染，万山红遍；隆冬，雪笼山壑，银蛇起舞。

　　小井沟的东面山上，有两块巨岩，酷似灵龟。据说，秦始皇公子扶苏与大将蒙恬率兵三十万，北逐匈奴，安定北方，并修筑长城，建置要塞后秦始皇故，公子胡亥与奸臣赵高害怕扶苏继位，二人商定，秘不发丧，派使者北上，假借罪名赐公子扶苏与蒙恬死。扶苏当时自杀，蒙恬怀疑其中有假，未死。但后来秦二世胡亥即位之后，听信赵高谗言，无罪行罚，蒙恬叹曰："恬固当死矣，起临洮属之辽东，城堑万余里，此其中能无绝地咏哉？此乃恬之罪也。"（长城破坏了风水地脉，是我的罪过啊！）于是吞药自杀。当时修长城时，有二灵龟力大无比，为其驮石。扶苏死后，一龟先化石而死，后来蒙恬死，另一龟亦与前一龟相拥而死。化石南望，今人兴叹。据说，北方玄武有龟蛇之说，或许，与这石龟有些关联也未可知。

小井沟的西支老龙沟，纵深约三公里处，有条石径，沿石径而上一公里左右，四望群蜂，乱石如兽，故名乱兽山，其石如狮如虎，如龟如狗，形态各异。仿佛老龙召集百兽聚会，或立或坐，或仰或卧，即晨即暮，兽影迷迷。偶尔会有狍兔野鹿出入其间，亦真亦幻，更增几分神秘。

　　我们永远都在崇拜着那些"闪闪发亮"的人。我们永远觉得他们像是神祇一样的存在。他们用强大而无可抗拒的魅力和力量征服着世界。但是我们永远不知道，他们用什么样的代价，去换来了闪亮的人生。我们兴奋地策划着一次又一次的户外之行，热忱地背起背包奔向城市公路的尽头，当我们看到别处的生活，知晓了别人的苦乐，也便照见了自己的不甘与不愿。这些自我恻隐或者移情淡化，在晨昏交替时，在户外行走出发和归来时，都会让我们得到片刻的宽释与救赎，也仿佛多少可以得到些许倦鸟归林般的解脱。

　　户外小提示：在灌木丛或丛林间行进时，要避免和前边的队友离得太近，队友穿过时拨开的树枝枝条容易回弹到你的脸上或眼睛，遇到这样的情况要注意尽量避免抬头，行进间低头用帽檐遮挡面部或是用登山杖做好防护。

忆秦娥·娄山关

西风烈，长空雁叫霜晨月。霜晨月，马蹄声碎，

喇叭声咽。

雄关漫道真如铁，而今迈步从头越。从头越，

苍山如海，残阳如血。

——毛泽东

► ► 红色经典之得胜沟 27

在那些苍白的生活必须之外，还有一些火红的记忆，值得我们去景仰和怀念！

红色经典之得胜沟

在户外群里看到很霸气的一段话："日落西山你不陪，东山再起你是谁？同甘共苦你不在，荣华富贵你不配！真正的强者是，夜深人静了就把心掏出来自己缝缝补补，完事了再塞回去，睡一觉醒来又是信心百倍。相信自己，越活越坚强，没有靠山，自己就是山！没有天下，自己打天下！活着就该逢山开路，遇水架桥。生活，你给我压力，我还你奇迹！"

奇迹是什么？当活在当下的我们，面对着一孔孔破破烂烂的窑洞和窑洞里面那些十分简陋的生活用品，体味着当年八路军是怎样在如此艰苦恶劣的生存条件下，顶着被敌封锁的重重压力，冒着不怕牺牲的危险，顽强地抗击着侵华日军，直至取得最终胜利，这样的历史进程，不就是一段中华民族抗敌御侮的战争奇迹么？

1938年5月14日，党中央、毛主席给在晋西北的八路军总指挥朱德、副总指挥彭德怀、八路军一二〇师师长贺龙、政委关向应发出电

文："在平绥路以北沿大青山脉建立游击根据地甚关重要，请你们迅即考虑此事。"贺龙师长根据毛主席的指示，认真调查了大青山区的地形，随即选派一二〇师三五八旅七一五团和师直骑兵连组成大青山支队，由李井泉任司令员兼政委，姚喆任参谋长，于1938年8月，从山西五寨出发，突破敌人重重封锁和堵截，两次北上，于9月1日越过平绥铁路，胜利挺进大青山，开辟了得胜沟等抗日根据地。

大青山抗日根据地位于大青山深处，境内峰峦起伏，连绵不断，八大高峰（西脑包山、东脑包山、华尖山、大平顶山、小平顶山、大特山、银贡山）由西往东依次排列，山与山之间有五大沟（韭菜沟、肖夭子沟、老赖沟、得胜沟、李齐沟）以及三十余条支沟穿插其间，抢盘河、得胜河常流不断。最高山峰海拔2255米，平均海拔1700米，山大沟深，林木繁茂，地形十分险要，在抗日战争中，大青山区以其特定的位置，成为整个大青山抗日游击根据地的中心地带。

位于武川县境内大青山深处的得胜沟，曾是当年八路军大青山支队司令部、绥远省委、省行署机关的驻地，被人称作"塞外小延安"。

得胜沟八路军大青山支队司令部警卫连旧址，位于武川县得胜沟乡得胜沟村北面峰峦起伏的虎头

山山顶上，警卫连是 1941 年原警卫排、通讯排整编合成。当时有 72 人，连长杨思华（原武川县政府游击队指导员），指导员陈寿华。警卫连驻地设在八路军支队司令部东南部的虎头山上，挖有十余间窑洞，其中中间一间曾有火炕，长、宽均为 3 米。

在旧址东南百余米处的虎头山山峰上，有一黑色石岩，该地恰好在虎头山峰上，比周边高出好多，向北可观察到大庙酒馆和武川县城日伪动静，向东南可观察到井尔沟方向动静，站在崖石上可望见得胜沟条条沟沟岔岔，清晰看到进入得胜沟的唯一通道得胜沟河的整个情况，这就是当年警卫连的哨所。高昂的"虎头"日夜注视着远山近水，守护着山村，陪伴着警卫连的战士们，日日夜夜守卫着大青山支队司令部。

山脚下就是由西向东流淌不息的得胜沟河，河岸边就是得胜沟村和八路军大青山支队司令部所在地。现有司令部、卫生队、教导队、电台等遗址，李井泉、姚喆等领导人住过的窑洞和办公用的石磨、树墩，存有八路军作战使用过的电台、战刀、手榴弹、马蹬、火盆、粮食袋、火镰等珍贵文物。

2005 年大青山抗日根据地被列入国家红色旅游规划纲要，成为全区红色旅游资源重点建设项目。这个项目从 2006 年开始选址、勘测、规划、设计，并通过专家组论证，于当年 9 月进入实质性施工阶段，历时两年多，2008 年 9 月上旬正式竣工落成。

每一年的清明节前后和国庆节前夕，都会有一些青城的户外群，在这里进行一次主题鲜明的时空穿越之旅，在这些红色的革命遗迹中间，缅怀先烈，不忘历史，提振精神。

在这个信仰迷茫的时代，不断地自拔与自新，保持对现实生活的兴致，不被不期然却又经常造访的低落情绪所摄取，抵抗宿命和消沉的困扰。可以让我们不时地回忆起年少青涩时，那些白衬衣红领巾的纯真年代，意识到在那些苍白的生活必须之外，还有一些火红的记忆，值得我们去景仰和怀念！

户外小提示：攀登比较陡峭的山体或巨大岩石的过程中，若是想要帮助后边的队友上升，切忌不要两个人手握手，从下往上拉人，而是要彼此手握住对方的手腕，借力爬升。还有尽量不要借助枯枝、杂草或直径小于自己拇指粗细的树枝等爬升，要借助大于自己拇指粗细的，有根基树枝的拉力爬升。尽量不要借助小于自己手腕粗细的树枝作为借力点，吊拉弯曲树枝来上升或下降，这样的树枝很容易折断并且发生危险，一定要采用大于手腕粗细的树枝，或者尽量贴近受力树枝的根部（靠主干处）抓牢借力。

快乐是每个人的权利，不是别人
的祝福，是自己的权利。

　　　　　　——几米

乐活自我的摇铃沟

28

乐活自我的摇铃沟

有那么一些时刻，听一些歌看一些书，什么都想什么都不想；有那么一些时刻，天气正好阳光暖和，你的心也突然温柔起来。没人知道我在开心什么，连我自己都不知道，但我知道这些时刻是属于我自己的，真真切切。说我浪费时间也好，我庆幸我还拥有这样的瞬间。这是你自己的一种节奏，和世界都没关系。

当我们在现实中遇到挫折、苦闷、不解和孤独，便会对城市边界以外的地方产生一些天马行空的向往，就像《桃花源记》里的"桃花源"，天主教或基督教里的"天堂"和"天国"，抑或是佛教中的"莲花净土"和"极乐世界"……

宗教虔诚的时代看似过去，兀自成了往生前尘，但是这种向往还在，人心亦如往常，且更深沉、更剧烈地渴望着抚慰和治愈。是行走和远行，是那缥缈和未知的远处，让我们中间的更多人，渐渐地感觉到了舒展自我的治愈良方和"乐活"法门。

摇铃沟生态自然保护区，位于呼和浩特市清水河县韭菜庄乡政府北 0.3 公里处，距清水河县城 25 公里，是自然形成的一条狭长沟壑区，面积约五万多亩，是黄土高原区保存完好的一座绿色宝库。

摇铃沟山清水秀，山山有林，沟沟有水。山上树草丰茂，遮天蔽日，绿荫缤纷；沟底泉水叮咚，溪流潺潺。盛夏之季，走进摇铃沟，那股清新、芬芳的温润气息，顿感神清气爽。漫步在林间河边，鸟语花香，山野烂漫，偶有野兔、松鼠时隐时现，追逐嬉戏，使你真切地体验人与自然的和谐。

我们生存着的这个世界，不啻是一件我们难以窥得全貌的恢宏伟大的艺术品，我们既可以怀着一颗平常心去旁观，也可以抱着向善心不断让自己对世界有所增益，我们周围的世界，往往充斥着各种怎样"乐活"的生命体验、生活建议、人生忠告和行为指南，但是我们，只是一路向北。

那些认真静思的行者都会认同：行走的经历其实一点都不值得矜持的自夸或者令人

艳羡的称奇，我们只是顺从命运的安排，心向善，脚向前，仅此而已，户外行走的意义，亦是莫过于此。

我们一次又一次的户外行走，不是和什么人或什么组织，去较量和重复着一场场比赛，生活，更不应该是。

我们去过了多少地方，攀爬和穿越过多少座险峰，领略过多少风景，就和我们为了达成某种结果和目的，而努力获得过多少次资格认证的证书一样，其实都不重要，重要的是我们在路上，重逢和遇见那些我们曾经总想逃避的挫折、压力和困窘的时候，能否因为回忆起旅途中遇到的某一个人，在电石火花的瞬间能够安心地静下来面对当下。可曾蒙受行路的尽头，那些记忆带来的灵感，创造出一些什么来宽慰别人，也让自己重新获得勇气。是否能够常常可以不消沉，不低落的"乐活"生活；是否能够常常自然、坦然的、嘴角上扬地翘起大拇指，对着自己说："嘿！哥们儿！好样的！你做到了！"

户外小提示：背负较重的行囊在山坡上休息时，不要过急地直腰后仰躺倒休息，如果感觉累了，最好停下脚步，保持直腰的姿势，背靠着山体一侧休息，避免后仰，以防不小心滚下山坡。

如果你看到面前的阴影，别怕，那是因为你背后有阳光！

——郭敬明

▶ ▶ 抛却成见的南天门

29

抛却成见的南天门

诗人徐志摩曾说："记忆是相会的一种形式，忘记是自由的一种形式。"

我听到过很多新老"驴友"对户外运动的想法和心得。有的说是为了放松，有的说是为了逃避，还有的说是为了在户外自然的环境下，重新获取一些对于生活和生命的领悟。但却从未有人说，户外的经历和行走，不过是为了抛却那些我们对周遭生活中随处可见的抱怨和成见。

南天门位于呼和浩特市和林县境内，属于阴山山脉支脉蛮汉山系，海拔 2280 米，重峦叠嶂，高耸入云，植被茂盛，以落叶松和白桦林为主，林内鸟语花香，野生动物常出没，因其夏秋日早晨常有云雾笼罩，山峦若隐若现，景物都被白色的雾气所笼罩，显得虚无缥缈，犹如梦幻，仿若天上的仙境，当地百姓将其称为南天门，景色优美。

在这里，曾因路线的不确定，向一位本地放羊的乡民打听前行线路的方向，他不仅十分热情地为我们做了指引，还引领着我们走了很长一段山路，临别的时候，他问我："你们大老远地跑到这荒山野岭的，做了个甚？"当时，他还赶着一小群羊，黝黑褶皱的皮相下，散发着许多随意和知足的生活态度。

我半开玩笑地对他说："我们来这儿，也想着跟你一块儿放羊了。"

他笑着摇摇头说："你净灰说哇！你们城里的人呀，一点也不实在，耍就是个耍么，还要跟鹅放羊，灰撇个哇。"说完，便哼着二人转的调调，摇头晃脑地赶着那一小群羊，顺着山坡走了……

其时，在我心里，真的很想告诉他："我来这里，就是为了在这

样的地方，这样的时刻，遇到你这样的人，遇到那个忘了自己的自己。真的希望能够像你一样，带着纯然的微笑，自在坦然地向着陌生人走近。"

世界是冷漠的吗？人生是徒劳的吗？似乎有太多被转载、被传播的事实告诉我们，是的。但也有太多行走过程中的体验告诉我，像乡民那样的人群，并非少数。

在我们的生活里，能够做到自在坦然、不带成见的去向陌生人靠近，真的并非易事。我们有太多的时候是在固定的生活和思维模式中周而复始地不停运转，在旁人设定的语境和行为准则里兜兜转转，放

弃了用自己的双眼去看一个人，放弃了用自己的脚去走一条路的权利，没有别人舌头的提醒和行为规范的注视，我们就会变得不知所措，无所适从。我们太多的依赖这些固有观念带来的所谓"安全感"，变得越来越小心翼翼，越来越提心吊胆，生活之路随之越走越窄，使我们不能再相信，生活应该建立在信任和善意之上，而是对待所有的事情都充满了太多的莫名的抱怨和成见。

"要想知道一个人是否可信，最好的方法是选择去相信"。这是电影《海明威和盖尔霍恩》中的一句经典台词，至少在我并不很多的户外行走经历中，这句话是对的。不过很遗憾，这部影片长达两个多小时，而且也没有通常好莱坞电影大片里那些炫目的特技，也没有成为大片所具有的元素和气质。

不过，我有耐心，把它看完。

我也有耐心，把户外的脚步，走的更加长久，更加坚定。

户外小提示：在行进的过程中，要时不时地清理一下登山鞋底上的泥沙、植物叶子、雪等物质，因为鞋底上有了这些物质，会在攀登巨大山石时，降低摩擦系数，脚底打滑，容易发生危险。

"驴道儿"上的"驴友"们

内蒙古阳光户外俱乐部

内蒙古阳光户外俱乐部创建于2013年初，是由户外运动、摄影爱好者申琴、老广等发起的一家以自助户外运动和户外影像拍摄为主的户外活动组织。俱乐部以向往自然并爱好户外运动和户外摄影、摄像的人群为主体，采用网友线上和线下交流互动的方式，实行"AA自助、快乐共享、风险自担、团结互助"的户外模式，定期组织会员参加徒步、登山、穿越、露营、自驾、风景摄影等户外活动。

行者无疆户外俱乐部

行者无疆户外俱乐部成立于2012年，秉承"亲近自然、和谐互助、健康安全、崇尚环保"的户外理念。在每一次户外活动中，"驴友"间充满着默契、信任、关爱和牵挂，用坚实的脚步践行着俱乐部的户外宗旨和健康理念，一起行走在自由广阔的青山绿水之间。

内蒙古啄木鸟户外群

内蒙古啄木鸟户外运动俱乐部创建于2007年，以走进自然、亲近自然、感受自然、陶醉自然为宗旨，致力于推

动内蒙古户外运动发展，传播安全、科学、探索等健康户外理念。

内蒙古青山户外俱乐部

青山户外俱乐部自成立以来，始终围绕者安全、科学、环保的原则，把登山徒步运动，作为一项大众化的健身运动进行了多种形式的宣传和推广。

青山户外俱乐部提倡亲近自然、享受户外。倡导乐观向上、平等互爱、增进友情、热爱生活、文明、愉快的生活态度。倡导磨练意志、强健体魄、挑战自我的积极进取精神。

蚂蚁户外群

蚂蚁户外群于2012年建立，前身为公益群，后转变发展为公益人户外

群。本着"职业户外、多元户外、安全户外、科学户外、旅游户外"的户外运动宗旨，经过两年的不懈努力，不断更新户外理念，推陈出新，提出"户外走进景区构想"的全新户外团队经营模式。

星期六户外群

星期六户外群成立于2011年，由一些来自不同领域、不同阶层、不同年龄层，但都喜欢户外运动的爱好者自发组织的自助户外活动组织，主要以登山、徒步、穿沙、走沟为主的户

外群，为众多素不相识，但却热爱生活的友友们，搭建了一个和谐友爱的平台，本着团结友爱的协作精神，一年四季、风雨无阻地行走于大青山的角角落落！

龙腾户外俱乐部

2010年龙腾户外俱乐部创建开始，奉行科学、安全、环保、担当的户外理念，坚持专业、专注、贴心、和谐的户外运动宗旨，有力地推动了呼和浩特户外运动的发展！组织了多次户

外拓展培训、沙漠穿越、环青海湖、环贡嘎山徒步、尼泊尔ABC徒步等大中小型户外活动。

同行长线户外群

成立于 2013 年，一直奉行成本、安全、绿色的户外理念，目前已经经历过北疆漠河、冬季的雪乡阿尔山、广西、云贵、台湾、尼泊尔徒步，"西藏梦之行"每年历时一个月的大穿越，新疆"寻根行"等国内国际长线！

金莲花驴友俱乐部

金莲花驴友俱乐部于 2012 年建立，经过几年的努力，到现今已将大青山相关各条主沟、小沟探明并开辟设计了多条独特路线，金莲花驴友俱乐部也逐步形成一个以野外徒步穿越为主，运作风格独特的户外团队。

子夜户外群

中国户外探险联盟呼和浩特子夜户外群自 2014 年创建开始，先后组织户外拓展训练、穿越沙漠、组织户外旅游、与内蒙古体育局成功协办第十一届万人爬山以及音乐帐篷节等大中小型户外活

动，有力地推动了呼和浩特户外运动的发展，为广大户外运动爱好者提供了一个良好的户外服务平台！

内蒙古信天游户外俱乐部简介

内蒙古信天游户外俱乐部创建于2009年,本着强身健体、增进友谊的户外运动宗旨,倡导安全、健身、贴心、和谐、奉献、环保的户外运动理念,集结了众多户外运动爱好者,形成相应的户外运动社交和摄影文化氛围,强有力地推动了呼和浩特户外运动的发展!

天空户外

天空户外成立于2013年,本着健康户外、安全为主、科学出行、低碳环保

的户外理念,带喜欢户外的朋友一起领略大自然的美景!

塞北户外群

塞北户外群创建于2014年,本着简单、快乐、健康、环保的户外运动理念,提倡"传递正能量、宣传绿色出行!"的健康户外理念,得到了广大"驴友"的认可与支持,增强了人们对健康运动的认识,并以实际行动促进了呼和浩特户外运动的健康发展!

唐朝户外俱乐部

唐朝户外自创立以来，综合参与人员年龄结构合理的调整强度和难度，达到既锻炼身体，又保证安全和娱乐性。本着"安全、环保"的原则，将健康和快乐传递、延续。

户外精英

北方户外群群主——铁木尔

网名："AK 烂铁枪"。2013 年参加了全国山地运动会；2015 年 2 月筹建成立内蒙古登山户外运动协会并担任会长；2015 年 8 月作为主要成员，成功承办首届内蒙古草原户外休闲体育大会徒步穿越比赛。多年来参加了各类野外求生、攀爬训练、户外救助医疗等培训，并获得游泳救生员证书，山地户外国家一级社会体育指导员证书；

资深领队——胡杨

个人户外理念：人的生命中都会有一种挚爱，对于我户外只是生活的一部分，但它却会改变我们的生活，借用托马斯·布本多尔夫《人生如登山》中的一段话："上山的时候，我没有想其他，只想着下一步，只考虑应该把下一步放到哪里，该怎样迈出下一步，考虑这些无数的步伐会把我引向何处。我完全沉浸在对下一步的思考之中，也许有生以来第一次超越了自我。"

资深"驴友"——无语伦

无语伦：2008年开始参加户外活动，参加过区内外多项登山赛事及"毅行者"活动，并取得良好成绩，是中国登山协会户外指导员，及内蒙古登山协会会员，目前致力于推广内蒙古优秀的户外资源，推行科学安全环保的户外理念，愿意为更多爱好户外活动的朋友提供更有意义的帮助。

户外寄语：爱好户外活动的朋友们，要时刻牢记安全，掌握科学技能，环保贯彻始终，在大自然中找到快乐和健康，不断学习，共同进步，享受积极向上的更有意义的美好生活。

户外精英——嘎拉

嘎拉：内蒙古博远户外俱乐部领队及管理员。参加户外活动数年，曾获2014年9月中国七星湖沙漠越野竞跑挑战赛女子组第二名，2014年11月安徽齐云山国际万人爬山比赛个人第四名，2015年4月《青山杯》呼武大穿越女子第一名等成绩。

户外宣言："穿山越水、身强体健、探峰索峦、我爱我愿！

户外优秀管理员——星期六户外群管理员"果冻"

户外寄语：人生的路上，总有不约而遇的陌路相逢，总有生命偶遇的意外惊喜。有些人，或许没有深入的交流，却有相通的思想和相似的爱好。有些事，或许没有事先的约定，却会不谋而巧合或无邀而同行。走在一起是缘分，一起在走是快乐！

东南西北，绿水青山，我们同行同乐！

春夏秋冬，寒暑晨昏，我们心心相映！

内蒙古民间户外救援协会

2014 年 12 月 27 日，内蒙古民间户外救援协会在呼和浩特市成立。这是我区首家由民间热爱公益救援事业的户外运动爱好者、无线电爱好者、医护人员等各行业志愿者组成的，从事户外安全知识宣导和灾难紧急救援的专业性公益团体，非营利性社会组织。协会践行"人道、博爱、团结、奉献"的精神，以"援自你我，爱在身边"为使命，在户外活动、自然灾害、城市应急等方面为群众提供免费的专业救助。救援电话：400-836-9958，协会还创建了专门的微信平台，全称"内蒙古民间户外救援协会"。协会参与了 2015 年全国登山赛的赛道保障工作，及 2014 年 6 月 15 号豹榆沟山难救援工作。多次组织户外医疗培训，户外知识培训。努力协调平衡发展内蒙古 12 盟市民间户外救援队伍的建设。

内蒙古民间户外救援协会

INERN MONGLIA FOLK OUTDOOR RELIEF ASSOCTION

户外心声——对于户外运动的体会

通过数年来户外运动的实践探索，我们认为健康户外的发展离不开以下几个支点：

一是健康身心，回归自然。当前都市生活的高度现代化，使得人们越来越远离大自然，在钢筋混凝土的丛林中，呼吸着充满雾霾的空气，这种非自然的环境已经对我们的身体健康造成了严重的影响和伤害。因此，我们提倡回归自然，提倡走进自然，感受自然清新的空气、倾听天籁之音、享受温暖的阳光和洁净清澈的水源，倡导"除了照片，什么都不留下"的环保出行理念，做到人与自然的融合。

二是开拓视野，增长见识。走出城市、走进户外大自然，必然要离开自己熟悉的生活环境，接触新的环境和事物，需要我们对这些新环境新事物有所了解和认知，这个过程丰富了我们的生活阅历，增长了见识，开阔了眼界。其中有些知识能够从书本、影视作品中获得，有些就必须亲力亲为，亲身感知，才能够真正了解和掌握。

三是修行品位，陶冶情操。仁者乐山，智者乐水，我国自古以来就有借山水陶冶情操的理念，甚至成为一些先贤志士们一生追求的境界。在山水之间，咏叹人生志向，抒发理想情怀，古人尚且如此，作为今人的我们更应发扬传承。

四是互通交流，广结朋友。户外活动中，能与一些志同道合、兴趣相投的好友结伴而行，会使得每一次行走更有乐趣和更具深意。户外这个平台，使得很多互不相识的驴友相识相知，成为生活中的莫逆之交，扩大了社交面，这个平台上所结识的朋友往往没有利害冲突，大家同甘共苦，荣辱与共，在互相帮助、共同克服艰难险阻的旅程中，友谊更显得珍贵和真挚。

后　记

本书在创作过程中，得到了来自呼和浩特市各个户外群及户外团体的协助和支持。

在此特别感谢"阳光户外群"群主申琴、摄影和领队老广，在本书的制作过程中友情提供了大量精美的图片素材，值此《请到草原来·青城"驴"道儿》面世之际，向两位表示最为诚挚的谢意！

另外，感谢内蒙古民间户外救援协会、行者无疆户外俱乐部、蚂蚁户外群、啄木鸟户外群、青山户外俱乐部、内蒙古星期六户外群、金莲花户外群、北方户外群、信天游户外俱乐部、龙腾户外俱乐部、子夜户外群、唐朝户外群、同行户外群、天空户外等各个户外团队，以及胡杨、无语伦、嘎啦等户外精英们，给予书中"驴道儿上的驴友们"一节中的支持与协助！感谢来自河套大学的李昕同学，在本书图片素材的搜集和整理过程中作出的大量甄选和后期处理工作。